KB077771

그래서
철학이
필요해

SONO NAYAMI TETSUGAKUSHA GA SUDENI KOTAE
WO DASHITEIMASU by Shohei Kobayashi

Copyright ⓒ 2018 Shohei Kobayashi
Original Japanese edition published by Bunkyosha Co., Ltd.
Korean translation rights arranged with Bunkyosha Co., Ltd.
through The English Agency (Japan) Ltd. and Danny Hong Agency.

이 책의 한국어판 저작권은 대니홍 에이전시를 통한
저작권사와의 독점 계약으로 ㈜쌤앤파커스에 있습니다.
저작권법에 의해 한국 내에서 보호를 받는 저작물이므로
무단전재와 무단복제를 금합니다.

고민이 너무 많아서 인생이 너무 팍팍해서

그래서 철학이 필요해

고바야시 쇼헤이 지음
김복희 옮김

쌤앤파커스

일러두기

– 본문의 두꺼운 글씨는 원문에서 저자가 강조한 것이다.

– 본문에 숫자로 표기한 미주의 내용은 '알아두면 쓸데 있는 철학 스토리'에 수록했다.

당신의 고민, 철학자가 해결해드립니다

기원전 1750년경 고대 바빌로니아 사람들이 남긴 점토판은 오랫동안 수많은 고고학자와 대중들의 호기심을 자극했습니다. 이는 인류 문명의 발상지 중 한 곳인 메소포타미아에서 기록된 것이지요. 그 내용이 기록된 시기를 추정해보면 소크라테스와 석가모니의 출현보다 약 1200년이나 앞선다고 합니다.

그렇다면 과연 이 안에 담긴 내용은 무엇일까요? 태곳적 사람들이 신과 우주에 대해 품었던 사유 또는 진리일까요? 혹은 고고학적 가치를 지닌 고대인의 지혜일까요?

당시 점토판을 발견한 역사학자는 이런 고상한 내용들을 기대했는지도 모릅니다. 한데 막상 쐐기문자를 하나하나 해독하는 과정에서 알게 된 내용은 다음과 같다더군요.

· 가게에서 "질 좋은 구리괴를 주겠다"고 약속하기에

값을 치렀건만 형편없는 물건을 건네받았다.

- "원하시면 내드리고요. 필요 없으면 그만
  돌아가시죠"라니, 뭐가 어째?
- 빌어먹을, 주인장 이 자식 날 뭘로 보는 거야.
- 나 말고 딴 손님들한테도 이따위로 홀대하나?

지금으로부터 3800년 전에 살았던 인류가 우리에게
남긴 유산은 된통 바가지를 쓴 손님이 끓어오르는 부아를
주체하지 못하고 폭발시킨 감정의 발로였던 셈이지요.

메소포타미아와 더불어 또 다른 인류 문명의 발상지로
꼽히는 이집트에서는 우리가 현재 사용하는 종이의 원형인
파피루스를 기록 매체로 사용했습니다. 점토판과 함께 대영
박물관이 소장하고 있는 3200년 전 파피루스에서 켄헬
케프셰프라는 인물의 행적을 찾아볼 수 있는데요. 당시
이집트의 수도 테베(지금의 룩소르Luxor) 변두리에 살았던 그가
파피루스에 남긴 기록을 되짚으면 소년 시절까지 거슬러
올라갑니다.

켄헬 케프셰프는 어려서부터 아버지에게 '공부 안 하면
커서 몹쓸 인간이 된다'는 말을 들으며 자랐습니다. 그리고
서민으로서는 최고의 영예이자 당대 엘리트 관직이었던

서기를 향한 꿈을 키웠습니다. 사춘기 시절 연모하는 소녀에게 열일곱 통의 연서를 보낸 사실도 빼놓지 않고 기록해놓았죠. 이후 켄헬 케프셰프는 바라던 대로 어엿한 서기가 되어 왕들의 계곡(이집트의 역대 파라오들이 건설한 공동 묘지. 투탕카멘 왕의 유적으로 유명하다.-옮긴이)에서 무덤을 제작하는 전문 기술자들을 감독하게 됩니다.

그는 왕릉 건설을 위해 하급자들을 관리하는 업무를 수행했는데, 출근부에 하급자들이 제멋대로 결근한 사유를 다음과 같이 기록했습니다.

- 생일이라서 이틀 휴가
- 전갈에 물려서 하루 휴가
- 미라 제작 때문에 하루 휴가
- 숙취 때문에 하루 휴가

게다가 윗사람은 윗사람대로 잔소리가 참 많은 사람이었나 봅니다. 역시 그가 남긴 기록을 살펴보면 상관의 소통 방식이 어땠는지 짐작할 수 있습니다.

- 윗사람 명령에 거역하지 말자. 아랫사람은 윗사람

말이라면 무조건 따라야 해.

• 윗사람 말은 나중에 다 쓸모가 있는 법이야.

아랫사람 처지인 자신을 타이르고 스스로 다독거릴 수밖에 없는 고충이 고스란히 전해집니다.

성실하게 일하지 않는 하급자와 큰소리치기 바쁜 상관. 샌드위치 신세가 된 켄헬 케프셰프는 스트레스로 불면증에 시달립니다. 기록에 의하면 불면을 극복하기 위해 "악몽아, 썩 물러가라"라는 주문이 적힌 파피루스를 부적으로 몸에 지니고 다닐 정도였다는군요.

켄헬 케프셰프는 위아래로 이리 치이고 저리 치이며 애를 먹었지만 사랑을 나누고 식도락을 즐기며 인생을 누리다가 43년간의 서기 생활을 마치고 60대 끝자락에 세상을 떠납니다.

○ 철학이란 사는 동안 죽음을 연습하는 것

기원전에 살았던 사람이든, 현대를 살아가는 우리든,

바라는 것이나 고민하는 것은 별반 다르지 않습니다. 시대를 막론하고 인간은 비슷비슷한 고민들을 품고 경험하기를 부단히 반복해왔습니다.

이미 3000여 년 전부터 인류가 지금과 비슷한 고민을 해왔다는 말은 곧 이제껏 수많은 현자들이 이 고민들을 해결하고자 사유를 거듭해왔다는 뜻이기도 합니다.

특히 켄헬 케프셰프가 죽고 600여 년이 지난 시점부터 진지한 자세로 고민과 씨름하고 괴로움에 몸부림치며 해답을 구하고자 하는 움직임이 역사 속에 드러나기 시작했습니다. 사유 그 자체를 업으로 삼는 사람, 즉 우리가 철학자 내지는 사상가라고 일컫는 사람들이 속속 등장한 것이죠.

기원전 528년, 석가모니는 이 세상을 생로병사의 고통으로 인식하고 번민합니다. 왕자라는 신분과 윤택한 가정환경을 버리고 출가해 보리수나무 아래서 깨달음을 얻습니다. 제자였던 한 여인이 어린 아들을 잃은 충격으로 실성하자, 쩌렁쩌렁한 목소리로 "사랑하는 가족에 의존하며 살아가서는 안 된다. 오로지 법(이 세상의 진실)과 자신만을 의지해야 한다"고 일깨우며 제자를 격려했습니다.

머리말

기원전 399년, 고대 그리스의 플라톤은 갑자기 들이닥친 스승 소크라테스의 죽음을 가까이에서 목도합니다. "진실한 행복을 얻으려면 육체로부터 영혼을 분리해 오로지 영혼만을 자기 존재로 삼아 진실을 추구해야 한다." 다시 말해 "철학이란 사는 동안 죽음을 연습하는 것이다." 스승이 남긴 가르침을 토대로 플라톤은 독사적인 철학을 전개해나갑니다.

철학자들이 저마다 평생을 바친 끝에 이끌어낸 해답을 접함으로써 우리는 일상의 고민을 해결할 실마리를 발견할 수 있습니다. 이 책에서는 철학자가 해답에 이르는 과정을 되밟아나가면서 철학에 대한 흥미를 불러일으키고 기존에 그어놓았던 사유의 경계를 확장해보고자 합니다.

○ 25가지 고민에 대한 철학자의 처방

이 책은 현대인이 안고 있는 고민을 25가지로 정리하고 철학자들의 대답을 제시합니다. 이 고민들과 전혀 무관한 사람이 과연 존재할까요?

행여 지금은 아무런 고민이 없다 해도 인생을 살다 보면 반드시 고민과 맞닥뜨리는 순간이 찾아옵니다. 어리면 어린 대로, 나이가 들면 드는 대로 고민과 맞닥뜨리는 순간은 반드시 찾아옵니다.

인생의 어느 시점에 와 있든 우리는 고민에서 벗어날 수 없습니다.

그렇기에 철학자들이 분투하며 걸었던 사색의 여정을 더듬으며 뛰어난 지혜를 모색하려는 시도가 더욱 값진 의미를 지니는 것입니다.

앞으로 고민과 마주하고 극복해야 하는 시기가 인생에 찾아들 때, 미리 접해둔 철학들이 생명력을 발휘할 테니까요.

이 책을 통해 여러분의 일상적인 고민들을 짚어보고 인간의 일생을 든든히 떠받쳐 온 '철학'의 세계로 한 발짝 내딛기를 바랍니다.

자존감

O

내가 일을 그만두지 않는다면
진정한 자아가 남아나지 않을 것이다.
(정말이지 불 보듯 뻔하다.)

— 프란츠 카프카

I. 일

"'지금'에 충실해야 '다음'이 있다"

지금 하는 일을 계속해도 괜찮을까요?

일에 파묻혀 살다 보니 제대로 이룬 것 하나 없이

나이만 먹은 것 같아요.

매달 월급 받는 날만 기다리며 사는 제 자신이

한심해 보일 때도 많고요.

뭐라도 해서 미래를 대비해야 하지 않을까요?

아리스토텔레스의 고민 상담

아리스토텔레스 Aristoteles · B.C.384~322

물리학, 형이상학, 시학, 논리학, 정치학, 수사학에 이르는 많은 분야에서 약 2000년 동안 인간의 사고를 지배해온 고대 그리스 최고의 철학자. 기원전 384년 스타게이로 스(마케도니아)에서 태어났다. 17세 때 아테네에 진출, 플라톤의 아카데미아에 들어가 스승이 죽을 때까지 20여 년 동안 그곳에서 수학했다. 그 후 알렉산드로스 대왕을 교육하는 등 여러 곳에서 학문 연구에 전념하다 기원전 335년에 다시 아테네로 돌아와 리케이온에서 학생들을 가르쳤다. 로마 제국 이후 그의 철학은 점차 그 영향력을 상실해 천 년 가까이 잊혀지기도 했지만 이슬람 문명권에서 재발견되어 활발히 연구되었고 12세기 이후 유럽의 스콜라 철학과 융합해 제2의 부흥기를 맞이했다.[1] 주요 저서로 《니코마코스 윤리학》, 《시학》, 《정치학》 등이 있다.

많은 사람들이 마음속에 불안을 품은 채 매일같이 회사로 발걸음을 옮깁니다. 미래에 대한 막연한 불안을 해소하고자 당장이라도 계획을 세워 대비해야겠다고 마음먹기도 하죠.

그렇게 노후 대비를 위해 정년까지 저축해야 할 목표액을 정합니다. 쉰 살까지는 얼마, 마흔 살까지는 얼마가 모여야 계산이 맞는다며 꼼꼼하게 계획을 세웁니다. 누가 보기에도 알차고 똑 부러진 계획처럼 보입니다.

하지만 앞날을 대비해서 철두철미하게 계획을 짠다고 한들 걱정이 말끔하게 사라질까요?

그 누구도 앞날을 정확히 예측할 수 없습니다. 한창 잘나가던 회사의 사세가 언제 기울지, 말도 안 되는 실수를 저질러 엉뚱하게 해고당할지 아무도 내다보지 못합니다. 일터에 마음을 붙이지 못해 회사를 그만두거나 갑작스레 큰 병을 얻어 벌이가 끊기는 상황이 닥치지 말라는 법도 없지요.

때로는 예기치 못한 힘이 주도면밀한 계획을 휴지 조각으로 만들어버립니다. 용의주도하게 세운 계획이 미래를 보장해줄 거라 단언할 근거는 어디에도 없습니다.

그렇다면 어떻게 해야 '먹고살 고민'을 말끔히 해소할 수 있을까요?

아리스토텔레스

이 질문에 대해 아리스토텔레스는 **"미래의 목적과 계획은 일단 잊고, 지금 이 순간 하고 싶은 일과 해야 할 일에 열중하라"**고 조언합니다.

아리스토텔레스는 미래의 목적을 최우선으로 삼는 행위를 '키네시스(Kinesis. 운동)적 행위', 반대로 미래의 목적을 안중에 두지 않고 지금 이 순간에 집중하는 행위를 **'에네르게이아**(Energeia. 현실활동태)**적 행위'**로 일컬으며 다음과 같이 말했습니다.

> 쾌락은 본래 활동(에네르게이아)이자, 그 자체로
> 목적(텔로스Telos)이다. —《니코마코스 윤리학》

이 문장이 뜻하는 바가 무엇일까요?

아리스토텔레스가 말한 키네시스적 행위는 곧 목적이 현재 자신의 외부에 있는 행위입니다. 이를테면 더 나은 미래를 위해 현재의 즐거움을 희생하는 것이죠.

그런데 키네시스적 행위야 말로 계획을 세움으로써 미래에 대한 불안을 해소하는 행위 아닌가? 반대로 에네르게이아적 행위는 찰나의 쾌락에 스스로를 내맡기고 순간을 누림으로써 미래에 대한 불안을 잔류시키는 행위 아닌가? 이렇게 의구심을 제기하는 사람들도 있을 테지요.

하지만 **실은 그 반대입니다.**[2]

‘지금’에 충실해야 ‘다음’이 있다

아리스토텔레스는 **에네르게이아적인 행위란 ‘현재 스스로 즐거움과 만족감을 느끼는 상태’가 고스란히 ‘성과로 구현되는 것’**이라고 말했습니다.

중요한 프레젠테이션을 맡으면 처음에는 긴장감과 압박감이 몰려옵니다. 하지만 발표 준비에 몰입하다 보면 언제 그랬냐는 듯 재미가 붙고 정신없이 빠져듭니다.

딱히 호감 가는 이성은 아니지만 상대방을 생각해서 데이트에 나갔는데 어느새 둘 사이에 연인 같은 분위기가 무르익기도 합니다. 이것이 바로 에네르게이아적 행위가 품은 신비입니다. 목적을 안중에 두지 않고 과정 자체에 몰입했는데, 되레 목적 달성을 우선시하는 사고가 추구하는 바람직한 결과에 도달하게 된 셈이죠.

키네시스적 행위처럼 처음부터 바람직한 결과를 목표로 삼고, 꼼꼼히 계산한 뒤 해야 할 일을 한 단계씩 차근차근

해나가는 방식은 언뜻 볼 때는 현명하게 보입니다. 하지만
목표에만 매몰되면 '지금 이 순간'에 몰두하지 못하기 때문에
오히려 과제 수행력을 현저히 떨어뜨리는 결과를 낳습니다.

그러므로 결과에 너무 연연해하지 말고 **과정을 즐겨야
합니다. 요령 부리지 않고 지금 이 순간에 몰입해 끝까지 즐기는
사람의 행동은 뛰어날 수밖에 없습니다.** 두말할 것 없이 좋은
결과가 뒤따를 테지요. 바람직한 결과란 과정을 즐겁게
치르고 남은 거스름돈과 같은 것입니다.

그렇지만 인간이라면 누구나 바람직한 결과를 기대하고
성공하기를 바라기 마련입니다. 이런 당연한 생각들은
머릿속 한구석에 놓아두면 그만입니다. 그 사심을 어디에
두었는지 까맣게 잊고 현재 자기 앞에 놓인 과정을 오롯이
즐기면 됩니다.

목적을 중시하는 키네시스적 사고와 과정을 중시하는
에네르게이아적 사고. 양쪽을 조화롭게 발휘하는 것이
현실적으로 가장 좋은 방법이겠지만 말입니다.

**진정으로 자신의 마음이 기우는 작업에 온 힘을 다하고
보람을 느끼며 하루하루를 살아나가는 사람. 세상은 이런
사람을 수수방관하지 않습니다.** 그런 사람의 아우라를
알아보는 이가 나타나 기꺼이 새로운 과제를 맡길 테니까요.

물론 100퍼센트 장담할 수는 없습니다. 그러나 현재의 나를 목적으로 삼는 에네르게이아적인 삶이야말로 우연의 지배를 받고 한 치 앞도 내다볼 수 없는 인간이 현재의 삶에 가장 충실할 수 있는 방법입니다.[3]

날마다 지금 이 순간에 열중하고 몰두하는 사람에게는 정해진 궤도가 없습니다. 이런 남다른 사람을 그냥 지나치지 않고 그 가치를 알아볼 사람 역시 반드시 존재합니다. 에네르게이아적인 생활을 이어나간다면 어느샌가 먹고사는 고민에서 자유로워질 것입니다.

'지금'에 충실해야 '다음'이 있습니다.

쾌락은 본래 활동(에네르게이아)이자
그 자체로 목적(텔로스)이다.

— 아리스토텔레스

고민 해결! *Aristoteles*

아리스토텔레스

알아두면 쓸데 있는 철학 스토리

① 이슬람 세계에서 최초로 아리스토텔레스 철학 연구로
명성을 떨친 인물은 9세기 무렵 바그다드에서 활동했던
알파라비(872~950)입니다. 알파라비는 논리학 분야에서
뛰어난 업적을 남겼고, 아리스토텔레스의 작품과 관련한
주해서를 여러 권 집필했습니다. 10세기 말 천재 의학자로
명성을 떨친 이븐 시나(980~1037) 역시 아리스토텔레스의
철학에 심취해《형이상학》을 무려 40여 차례나 읽었으나
난해한 내용 때문에 어려움을 겪었고, 알파라비의 주해서를
읽고 나서야 비로소 그 내용을 완전히 이해하게 되었다는
일화가 전해집니다.

② 고대 그리스 철학자 에피쿠로스는 "내일을 가장 필요로
하지 않는 자가 내일을 가장 기쁘게 맞이할 수 있다"고
말했습니다.

③ 일본의 '인간 국보'이자 가부키 배우인 반도
다마사부로는 당대 최고의 온나가타(가부키에서 여자 역할을

담당하는 남자 배우.— 옮긴이)로 이름을 날리며 무려 50년간 무대의 최전선에서 활약했습니다. 그가 매일같이 가부키 극장과 자택을 오가며 견지한 원칙은 바로 '멀리 내다보지 않는다. 오직 내일만을 본다'였습니다. "하루하루 충실히 살다 문득 뒤를 돌아보니 반세기가 훌쩍 지나 있었다. 내일을 소중히 여기며 순간순간 모든 역량을 쏟아부은 덕에 여기까지 오지 않았나 싶다. 그것 말고 딱히 뾰족한 수는 없는 듯하다."

■ 철학 × 책

《니코마코스 윤리학》

2300년을 이어온 서양 윤리 사상의 정수이자 인류 역사상 최장기 스테디셀러. '행복은 좋은 것들 가운데 가장 좋은 것이고 우리가 추구하는 목적들 가운데 최고의 목적'으로 집약되는 아리스토텔레스의 메시지는 '행복'이 윤리학적 사유의 핵심 주제라는 것을 명확히 드러낸다. 인간의 행복이 무엇인지, 그 행복에는 어떻게 도달할 수 있는지, 그 과정에서 필요한 앎(혹은 능력)은 무엇인지 체계적으로 정리되어 있다.

아리스토텔레스

"획일화된 시간 감각을 의심하라"

다른 사람들은 어떻게 하면 저렇게 여유로운 삶을 사는 건지 궁금해요. 저는 하루하루가 너무 바빠 몸이 몇 개라도 모자랄 지경인데 말이죠. 시간은 왜 항상 저에게만 냉정하게 빨리 흘러가는 걸까요? 이대로 살다가 금세 늙을까 봐 두려워요.

앙리 베르그송의 고민 상담

앙리 베르그송 Henri-Louis Bergson · 1859~1941

이성적인 가치로부터 벗어나 본능적인 욕구나 감정, 충동적인 의지 등을 통해 생을 새롭게 고찰하고자 한 생철학자. 1859년 프랑스 파리의 한 유대계 집안에서 태어났다. 프랑스 지성의 산실인 고등사범학교에 입학하여 주로 자연 과학과 철학을 공부했고, 파리-소르본 대학에서 철학 박사학위를 받았다. 1896년 기억과 심신이론을 다루는 저서 《물질과 기억》을 발표하고 학계의 주목을 받았다. 앙제와 클레르몽-페랑의 고등학교, 고등사범학교, 콜레주 드 프랑스 등에서 학생들을 가르쳤으며, 1914년 유대인 최초로 프랑스 한림원 회원으로 선출되었다. 1927년 《물질과 기억》으로 노벨 문학상을 수상했다.

정신없는 나날을 보내다가 문득 정신을 차리고 보니 거짓말처럼 지나가버린 세월. 그런 자신의 인생을 바라보며 공허함을 느낀다면 프랑스 철학자 앙리 베르그송의 시간론을 권해드립니다.

베르그송은 시간론을 아주 간명하게 설명해놓았습니다만 대부분의 사람들은 까다롭다며 난색을 표하곤 합니다. 현대인이 지닌 보편적인 시간 감각으로 이해하려 들기 때문입니다. 베르그송은 현대인의 시간 감각이 안고 있는 맹점을 예리하게 파고들었습니다.

○ 공간적으로 조각나버린 시간

평상시에 사용하는 다이어리나 스케줄 관리 프로그램을 떠올려봅시다. 대부분 하루를 시간대별로 나누고 일렬로 나열한 형식을 취합니다. 이처럼 현대인은 종이 위에 선을 그어 시간에 구획을 짓고 **'공간적'으로 관리합니다.** 이때부터 이때까지는 시간이 비었다는 둥, 돌아오는 화요일 저녁에는 일정이 있고 목요일 오전부터는 일정이 없다는 둥 요리조리 머리를 굴리며 빈 시간을 합리적으로 채워나갑니다.

우리는 눈에 보이지 않는 시간을 눈에 보이는 공간처럼 인식하고 관리함으로써 주어진 시간을 낭비 없이 효율적으로 사용하려고 합니다.

'과연 시간이란 그래야 마땅한 것인가?' 베르그송은 우리의 일상에 근본적인 의문을 던집니다. 시간에 대한 그의 회의적 시각은 《시간과 자유 의지》를 저술하는 동기가 됩니다.

그는 이 책을 통해 시간을 공간적으로 파악하는 현대인의 실상을 비판합니다. 그리고 시간을 누구에게나 천편일률적이고 객관적인 공간으로 인식함으로써 간과하는 지점이 있다고 생각했습니다.

즐거운 시간은 농밀하고 짧으며 순식간에 흘러가고 맙니다. 반면, 내키지 않는 일을 억지로 하는 시간은 마냥 길기만 하고 단조롭게 느껴집니다.

현대인은 누구에게나 천편일률적으로 흐르는 객관적인 시간을 아무런 의심 없이 상식으로 여기며 살아갑니다. 반대로 베르그송은 이런 획일화된 시간 감각으로는 우리 스스로 삶을 생생하게 체험할 수 없다고 생각했습니다.

주관적 시간이 너희를 자유케 하리라

  자신이 살아 있음을 생생하게 체험할 때, 아름다운 자연이
펼쳐진 곳으로 나가 밤하늘을 가득 메운 별무리를 바라보며
도시에서는 상상도 못 할 장관 속에서 자신이 살아 있음을
환기시킬 때, 바로 그때 인생의 시작부터 마지막까지 삶
전체를 단번에 조망할 수 있는 원대한 사고가 약동하게
됩니다. 한참 동안 풀리지 않던 문제나 지지부진하던 일이
기발한 아이디어 하나로 인해 점과 점이 만나 이어지듯
막힘없이 풀리고 앞이 훤히 트이는 경험을 하게 되는 것과
같지요.[1]

  그런 경험을 누리는 동안 **시간은 오로지 그 자신을 향해
확장됩니다.** 그뿐만 아니라 **그 안에서 과거와 미래가 서로
연결되어 다른 차원의 시간을 형성합니다.** 이처럼 일반적인
시간 감각을 망각한 듯한 주관적이고 농밀한 시간이야말로
시간에 쫓겨 살아가는 우리들에게 '자유'나 진배없는 것이죠.
베르그송은 이런 경험을 **순수 지속**la durée toute pure이라고
불렀습니다.[2] 이는 스케줄표의 빈칸을 빈틈없이 채우는
합리적·공간적 시간과 대비되는 개념이지요.

앙리 베르그송

본래 인간은 홀로 농밀한 시간을 살면서 자유로워야
하는 존재입니다. 그러나 타인과의 약속이나 세상의 관습에
떠밀려 스케줄을 마구 욱여넣고, 스스로 성실하다는
착각에 빠져 자기 자신을 돌아보지 않은 채 살아갑니다.
베르그송은 "시간에 대한 상식에 얽매여 우리는 본래의 참된
시간, 진정한 자유를 너무나 간단히 내팽개치고 있다"면서
현대인의 시간 활용 방식을 날카롭게 비판합니다.

　　　세분화된 자아는 일반적인 사회생활의 (…) 제반 요구에
　　　매우 잘 부합하므로 의식은 기꺼이 그 방식을 따르려고
　　　하며, 그럴수록 차츰차츰 근본적 자아를 상실해간다.
　　　─《시간과 자유 의지》

　시간에 쫓겨 자아를 상실할 것 같다면 잠시 하던 일을
내려놓는 시간이 필요합니다. 스케줄표에 하루쯤은 여백으로
남겨두거나 그마저도 여의치 않다면 스케줄을 빽빽이 채우는
습관을 바꿔보는 것입니다.
　그런 날만큼은 아무 목적 없이 자신이 좋아하는 일만
하며 시간을 보내는 것입니다. 읽고 싶은 책이나 보고 싶은
영화들을 섭렵하고 미지의 흥밋거리를 찾아 자유로이 배회할

수도 있겠죠.

그러다 보면 참신한 아이디어가 불쑥불쑥 떠오르게
됩니다. 그저 기를 쓰고 달려들던 때와 달리, 재충전을 하면서
현재 하는 일을 두루 굽어보며 새롭게 인식할 수 있습니다.
남이 걷지 않은 길을 걸어 나가는 자신의 모습을 떠올리며
남과 다른 나만의 방식으로 삶을 마주합니다.

진정으로 자유로운 시간이란 지극히 주관적인 시간입니다.
이런 시간을 보낼 때 우리는 타인이 통보한 일정으로
스케줄을 무작정 채울 때보다 농밀하고 내면이 무르익는
시간을 맛보게 될 것입니다.

> 우리의 행위가 외부의 기준이 아닌
> 우리의 인격에서 온전히 우러나올 때
> 우리는 자유로울 수 있다.
>
> ― 앙리 베르그송

고민 해결! *H. Bergson*

알아두면 쓸데 있는 철학 스토리

① 베르그송은 "분석에서는 더 이상 나올 것이 없다"는 말로 번쩍이는 발상을 중시하는 예술가들을 격려하는 반면, 평론과 분석을 업으로 삼는 비평가들을 도발하기도 합니다. 이러한 직관과 분석 사이의 딜레마를 극복한 독보적 인물이 바로 네덜란드 출신의 건축가 렘 콜하스입니다. 그는 베르그송에게 당당히 맞서며 "분석이란 창조다"라는 이견을 내놓았습니다. 실제로 콜하스는 부지의 입지 조건이나 경제 상황을 철두철미하게 조사한 뒤 이를 충실히 반영한 건축물을 구상했다는군요. 조각가인 오카모토 타로도 다음과 같은 말을 남겼습니다.

"진정한 작가는 누구나가 예외 없이 비평가다."

② 전자는 '베르그송의 시간', 후자는 '뉴턴의 시간'이라고 부릅니다. 뉴턴이 등장한 이래로 물리적·기계론적인 근대 과학이 시대를 장악하며 인간 생명의 흐름이 상실될 위기에 처하자, 베르그송은 뉴턴의 시간관을 비판하며 나섰습니다. '순수 지속' 중에서도 가장 긴장도가 높은 시간을

'생生의 약동(엘랑 비탈Élan Vital)'이라고 하는데요, 뒤에서 소개할 데카르트의 '난로 방에서 보낸 겨울밤'과 미하이 칙센트미하이가 제시한 '몰입 체험'도 엘랑 비탈의 사례로 꼽을 수 있습니다.

■ 철학 × 책

《시간과 자유 의지》, 1889

앙리 베르그송이 박사학위 논문을 바탕으로 1889년에 출간한 이 책의 본래 제목은 〈의식에 직접 주어진 것들에 관한 시론Essai sur les données immédiates de la conscience〉이다. '시간과 자유 의지Time and Free Will'란 제목은 1910년 영어로 번역될 때 붙여진 것이다. 베르그송 철학의 핵심 개념인 '지속'을 처음으로 발견하여 세상에 공표한 것으로, 그의 철학적 입장을 확인할 수 있는 가장 중요한 책이다.

"부의 추구와 성취는
'소명'에 충실한 결과이다"

부자가 되고 싶은 욕망이 잘못된 걸까요? 누구나 수중에 돈이 없으면 아쉬워하고 불안해하지 않나요? 그런데 왜 사람들은 돈에 대해서 직접적으로 이야기하면 죄를 짓는 기분이 든다고 말하는 걸까요?

이런 생각, 저만 잘못된 걸까요?

막스 베버의 고민 상담

막스 베버 Max Weber · 1864~1920

19세기 말에서 20세기에 걸쳐 활동한 사회 사상가로, 독일 에르푸르트의 신교 집안에서 태어났다. 김나지움을 졸업한 후 하이델베르크 대학에 입학해 제1전공으로 법학을 선택하지만 이외에도 경제, 역사, 철학, 신학 등 다양한 분야에 관심을 기울였다. 1889년 베를린 대학에서 《중세 상업 사회의 역사》라는 제목의 논문으로 박사 학위를 받은 뒤 1896년 자신의 모교인 하이델베르크 대학의 경제학 교수로 취임했다. 1903년 건강 악화로 교수직을 사임하지만 이듬해부터 2년에 걸쳐 자본주의 노동 윤리의 기원을 파헤친 《프로테스탄티즘의 윤리와 자본주의 정신》을 발표하며 격렬한 논쟁을 불러일으켰다.

우리는 누구나 부자가 되기를 꿈꿉니다.

'돈으로도 살 수 없는 것이 있다'고 하지만 대부분의
사람들은 돈이야 많으면 많을수록 좋다고 생각하죠. 자녀
교육과 의료 혜택은 물론 여행 편의성이나 노후 대비에
대한 불안에 이르기까지…. 서글프게도 돈은 우리가 인생
도처에서 맞닥뜨리는 문제들을 좌지우지하는 열쇠가 되곤
합니다.

돈을 멀리하던 사람이 부를 맛본 순간, 그 위력 앞에
속절없이 무릎을 꿇는 일도 심심찮게 벌어지고요.

이렇듯 돈은 거부할 수 없는 마성의 매력을 지녔습니다.

그렇다면 부자가 되기 위해서는 어떻게 해야 할까요?

인생의 목적을 오로지 돈이라 못 박아두고 온종일
악착같이 일하면서 다른 것들은 거들떠보지 않으면
그만일까요? 그렇게 외곬으로 돈만을 추구해 '돈의 노예'가
되면 부가 우리에게 따라올까요?

사회학의 아버지 막스 베버는 틀렸다며 고개를
가로젓습니다. 돈을 갈망하고 돈에 집착한다고 해서 부자가
되는 것은 아니라는군요. 오히려 **"돈과 부에 대한 집착을**

버리고 금욕적 삶을 실천한 사람이 결과적으로 부자가 된다"고 말합니다.

도대체 이 말은 무엇을 의미할까요?

먼저 베버는 기독교의 구교 가톨릭과 개신교 프로테스탄티즘 신도들 간에 벌어진 경제 격차를 눈여겨보았습니다. 소유한 자본과 종사하는 직업군을 비교했을 때 **프로테스탄티즘 신도들이 가톨릭 신도보다 경제적으로 여유롭다**는 데이터에 주목했습니다.

프로테스탄티즘에서 베버가 천착한 연구 대상이 바로 칼뱅주의입니다. 칼뱅주의는 16세기 프랑스 출신 신학자 장 칼뱅이 종교 개혁을 통해 촉발시킨 프로테스탄티즘을 가리킵니다. 그때까지만 해도 기독교, 즉 가톨릭에서는 교회가 영리 목적으로 판매하는 면죄부라는 종잇장을 사놓기만 하면 사후에 구원받을 수 있다고 선전했습니다.[1]

본래 기독교에서는 부의 과도한 축적을 탐욕으로 규정해 금기시했습니다. 사람들은 힘써 일해야 할 내적 동기를 찾지 못한 채, 최저 생계 수준을 유지하며 필요한 만큼만 돈을 벌고 휴식을 취하며 이따금 사람들과 어울려 술잔을 기울이는 데 만족했지요.

교회는 고해 성사를 거행하듯 면죄부를 구매하면 구원받을 수 있다고 주장했습니다. 칼뱅은 이처럼 부패한 기독교를 원점으로 되돌려 회복시키고자 노력합니다.[2] 성서에 깊이 파고든 끝에 그는 신의 압도적 위대함을 발견하고 교리의 핵심인 **예정설**을 이끌어냅니다. 예정설이란 신에게 구원받을 사람은 처음부터 이미 정해져 있다는 사상입니다. 이 사상은 훗날 영국 청교도 혁명과 미국 독립 혁명 등 세계사의 중요한 민주주의 혁명을 선도하며 인류 역사상 가장 강력한 힘을 지닌 시대사상으로 발전합니다.

예정설에 따르면 선인이 착한 일을 거듭한다고 해서 반드시 천국에 가거나, 반대로 악인이 나쁜 일을 일삼는다고 해서 반드시 지옥에 가지 않습니다. **신의 독단적이고 일방적인 결정에 의해 애초에 구원받을 사람이 정해져 있는** 것이죠. 신이 내린 결정에 인간의 지성이 감히 범접할 수 없다는 예정설은 신의 절대적 위대함을 담보로 내세웠습니다.

예정설에 따르면 누가 구원받을 사람인지 또는 자신이 구원받을 대상인지조차 알 수 없습니다. 앞을 내다볼 수 없다면 어떻게 될까요? 불안과 긴장이 싹틉니다. 예정설은 신의 위대함을 담보로 거는 동시에 **인간의 불안을 부추기도록**

막스 베버

교묘하게 만들어졌죠.

구원받을 것인가, 구원받지 못할 것인가. 허공에 매달린
듯한 절박한 상태에서 칼뱅주의 신도들은 혼신의 힘을
다합니다. '나는 구원받을 인간이다. 가진 에너지를 모조리
쏟아부어 신이 내린 사명에 전념하자! 그것이야말로 신에게
구원받아 마땅한 인간으로 거듭날 수 있는 방법이다!'
구원에 대한 확신을 얻고자 욕망을 절제하고 사치를
삼가고 조금이라도 여유가 생기거나 고삐가 풀렸다 싶으면
불안에 떨며 **신이 정해준 소명**(베루프Beruf)에 헌신적으로
매달렸습니다.

에토스Ethos라고도 일컫는 이러한 생활 태도를 베버는
세속적 금욕주의 혹은 행동적 금욕주의라고 명명했습니다.
이때 '금욕'이란 욕망을 전적으로 억누르기보다 한 가지 일에
전심전력한다는 의미를 담고 있습니다. 그렇다고 무조건
돈과 이익만을 추구하라는 사상은 아닙니다. 외려 기독교는
자기 잇속만 차리는 이기적인 발상을 원래부터 부정하고
있으니까요.

베버는 자기에게 주어진 소명을 묵묵히 수행하고
사람들의 생활을 이롭게 함으로써 돈을 벌어들이고 부를 쌓는

것이야말로 소명을 내려준 신의 영광을 증명하는 최선의
방법이라고 여겼습니다.

> 신이 기뻐하는 생활을 영위하기 위해서는 한 가지만
> 명심하면 된다. 저마다 일신상의 지위에서 비롯된
> 세속적 의무를 수행하면서 이를 신이 내려준 '소명'과
> 동일시하는 것이다. ―《프로테스탄티즘의 윤리와 자본주의
> 정신》

또한 기독교에서는 자신이 구원받을 인간이라는
확신을 굳히기 위해 노동의 대가인 이익을 얼마나 많이
벌어들였는지도 중요하게 따졌습니다.

그러려면 최대한 오랫동안 한 가지 일에 몰두해야
합니다. 그러려면 시간을 관리하는 일이 중요해집니다.
'시간은 금이다'라는 격언처럼 사람들은 잠시도 쉬지 않고
제시간에 일하고 기일을 사수하며 스스로를 엄격히 통제하게
되었습니다.[3]

노동을 함으로써 구원받는다고 믿는 프로테스탄티즘
신도들은 돈을 어마어마하게 모아도 허투루 소비하기는커녕
고삐를 더욱 단단히 죄어 그 이익을 최대로 키웠습니다.

저축한 자본을 재투자해 순환시키고 곧이어 재생산을 위해 '경영'에 나선 것이지요. 근면, 검약, 투자. 예정설이라는 **구원의 서사를 투철하게 그리고 합리적으로 추구함**으로써 칼뱅주의파의 부는 눈덩이처럼 불어납니다.

원래 칼뱅주의는 빌린 원금에 대한 이자를 죄악시하던 기독교 본연의 모습으로 되돌아가려 했습니다. 그랬던 칼뱅주의가 **소명**이라는 **금욕적 노동을 유도하는 동기 부여 엔진을 발명**함으로써 역설적으로 자본주의를 태동시키는 데 일조하게 됩니다.

그렇다면 칼뱅주의자도 가톨릭 신자도 아닌 사람이 부자가 되려면 어떻게 해야 할까요? 베버의 분석을 토대로 무엇을 알아낼 수 있을까요?

그것은 바로 인간이 스스로를 채찍질하도록 만드는 엔진은 돈이 아니라는 사실입니다. 베버는 근면 성실을 추구하도록 만드는 동기를 돈이 아닌 다른 가치에서 발견했습니다. 그 엔진은 예정설과 같은 장대한 서사가 아닌, 바로 우리가 저마다 간직하고 있는 개인의 서사라는 것이죠. 지금껏 자신의 인생을 이끌어온 내밀한 서사 말입니다.

유년 시절부터 줄곧 시달려왔던 타인에 대한 열등감,

과거에 자기를 업신여겼던 타인에 대한 복수심, 자신감 결여와 미래에 대한 막연한 불안, 존재감을 발휘하지 못한다든지, 남다른 취향이나 적성을 가지고 있다든지 저마다 마음속에 품고 있는 서사는 천차만별입니다.

유별난 열정을 샘솟게 하고 무궁무진한 에너지원을 제공할 **자기표 예정설**이 어디에 있는지 마음속을 찬찬히 들여다봅시다. 자기표 예정설의 행방을 찾게 되면 부는 자연스레 따라올 테니까요.

돈에 집착한다고
부자가 되는 것은 아니다.
주어진 '소명'을 묵묵히 수행할 때
부는 자연스럽게 따라온다.

— 막스 베버

고민 해결!

알아두면 쓸데 있는 철학 스토리

① 칼뱅주의자들은 부패한 가톨릭의 구태를 벗어던지고 스스로의 힘으로 신에게 축복받는 길을 궁구하였고, 노동을 천직의 차원으로 발전시켰습니다. 베버는 이를 '탈주술화'로 명명하며 근대의 시작을 알리는 신호탄이라고 생각했습니다.

② 당시 기독교를 비판하는 책을 출판한 스페인 의학자 미카엘 세르베투스는 스위스 제네바에서 권력을 쥐고 시민들을 엄격하게 감시하던 칼뱅에게 이단으로 간주되어 화형을 선고받았습니다. 그는 가톨릭에서도 이단으로 간주되어 이중고를 치러야 했죠. 불길이 약해지자 괴로워하는 세르베투스를 가엾게 여긴 민중들이 풀을 던져 불길을 거세게 지폈다는 일화가 전해 내려옵니다. 이는 칼뱅이 잔악무도해서라기보다 성서 왜곡을 용납하지 못하는 '냉혹한 열정'을 지닌 사람이었기 때문입니다. 그의 삼엄한 단속 활동에 의해 제네바는 프로테스탄티즘의 아성으로 이름을 떨쳤고 영국, 프랑스, 네덜란드를 비롯해 유럽 각국에 파급력을 행사하며 사상적 영향력을 확대해나갔습니다.

③ 《21세기 자본》의 저자로 널리 알려진 토마 피케티는
자산 운용에서 얻을 수 있는 자본 수익률return to wealth이 경제
성장률growth rate을 웃도는 현상이 현대 사회의 특징이라고
말합니다. 피케티는 자본주의가 계속해서 소득 불평등을
심화시킬 것으로 내다봤습니다. 발자크의 소설 《고리오
영감》에서 고리오 영감은 야심에 불타는 대학생에게 "죽기
살기로 일해서 버는 노동 소득보다 자산 소득으로 먹고사는
편이 훨씬 풍족하다"고 충고합니다. 이렇게 따지면 수저론도
이론상으로 설명이 되는군요.

■ 철학 × 책

《프로테스탄티즘의 윤리와 자본주의 정신》, 1905

자본주의 노동 윤리의 기원을 파헤친 저작으로 총 2부로 구성되어 있
다. 자본주의 형성에 관한 마르크스주의의 유물론적 역사 해석에 반박
하는 내용이 중심을 이룬다. 베버는 자본주의의 발전 요인이 산업혁
명, 시장에 대한 감각, 기술 혁신이 아닌 칼뱅주의 즉, 개신교가 가지고
있던 '윤리'에서 비롯되었다는 명쾌한 역설을 논증했다. 베버는 칼뱅
의 예정설에서 비롯된 불안을 잠재우고 노동으로 스스로를 증명하려
한 개인들이 결과적으로 '자본주의 정신'을 발전시켰다고 보았다.

"한 목표도 작은 단위로 이루어져 있다"

회사에서 새로운 프로젝트를 진행할 팀원을 모집하는데 우물쭈물하다가 결국 참여하지 못했어요. 지금 다니고 있는 회사와 너무 안 맞는 것 같아서 다른 일을 찾아보려 하다가도 '내가 과연 잘할 수 있을까' 생각하다가 매번 주저앉고 말아요.

르네 데카르트의 고민 상담

르네 데카르트 René Descartes · 1596~1650

근대 서양 철학의 아버지. 최후의 종교전쟁인 30년 전쟁으로 초토화된 유럽 대륙을
살아간 인물. 온갖 서적을 탐독하고 세계를 방랑한 이후 이성을 통해 모든 것을 의심
함으로써 종교·정치·문화적 차이를 초월해 존재하는 절대적 진리만이 혼란으로 인한
사회와 역사의 붕괴를 막을 수 있다고 보았다. 데카르트는 모든 것을 의심하는 '방법
적 회의'를 통해서만 진리에 다가설 수 있다고 보았는데, 이는 만물의 실재성을 오로
지 신의 권위에 의지하던 사유의 방식을 벗어난 하나의 사건이었다. 이처럼 그는 사
유의 확신자를 신에게서 인간으로 옮겨놓음으로써 영국 경험론과 함께 유럽 철학의
조류를 양분했던 대륙합리론의 사상적 원류가 되었다.

답답하고 조바심이 날 때, 근대 철학의 시대를 열었던 데카르트의 행보를 살펴보기 바랍니다.

데카르트라고 하면 머릿속에 맴돌곤 하는 명구 '**나는 생각한다, 고로 존재한다**^{cogito, ergo sum}'는 말은 데카르트가 **이 세상의 온갖 것을 모조리 의심하고 더 이상 의심하려야 의심할 수 없는 극단까지 다다른 끝에 내놓은 결론**이라는 사실에 주목해야 합니다. 데카르트에게 이 구절은 종착점이 아닌 새로운 출발점이었습니다. 그는 이 깨달음을 주춧돌 삼아 자신의 철학을 구축하고 학문 체계를 집대성하겠다는 구상을 내놓습니다.

◦ 세계라는 책

데카르트는 합리주의자였지만 철학자 하면 으레 떠올리는 책 속에 파묻혀 이론만 읊어대는 책상물림과는 거리가 멀었습니다. 당대 학문들을 모조리 섭렵하고 책이란 책은 닥치는 대로 읽어치운 후에 온갖 지식을 의심하고 송두리째 백지화했습니다. 그리하여 자신이 전적으로 확실하다고 생각하는 지점을 굳건한 토대로 삼아 학문을 기초부터

르네 데카르트

다시 정립하고자 했습니다. 그래야 그 위에 탄탄하고
견고한 건축물을 세울 수 있다고 생각한 것이죠. 그는
광대한 학문의 세계에 맨주먹으로 맞서려 했던 배짱 두둑한
사나이였습니다.

　책상머리에 앉아 책만 읽어서는 진정한 공부를 했다고
볼 수 없습니다. 드넓은 세계로 나가 몸으로 부딪쳐가며
배우겠다고 결심한 데카르트는 이제껏 읽었던 책들을 전부
버리고 이른바 '세계'라는 책을 읽기 위한 여정에 몸을
싣습니다.

　　'세계'라는 책으로 들어가 연구하며 얼마간의 경험이라도
　　얻을 요량으로 애쓴 지 수년이 지났다. 그러던 어느 날,
　　나의 내면을 연구하고 앞으로 나아갈 길을 택하는 데
　　정신의 총력을 쏟아붓기로 결심했다. 과거 나의 나라와
　　책에 머물렀던 때에 비하면 월등한 발전을 일구어냈다고
　　생각한다. ─《방법서설》

어려운 문제는 분할하라

기나긴 여정을 이어가던 데카르트는 독일의 야영지
(도나우강변에 위치한 노이부르크라는 마을로 추정됩니다)에서
난로가 자리한 방에 틀어박힙니다. 그 방에서 사색에
푹 잠겨 있다가 **'그래, 혼자만의 힘으로 모든 학문을 다시
구축해보자'**고 결심합니다. 그때 떠올린 '갖가지 학문
분야에서 올바르게 진리를 탐구하기 위한 방법'이 바로 그의
대표작 《방법서설》의 골자를 이루는 네 가지 방법입니다.

첫째, 명료하게 참이라고 인정한 것 외에는 어떠한 것도
참으로 받아들이지 말라는 **명징의 규칙**.

둘째, 차근차근 단계를 밟으며 자신의 사상을 이끌어
나가라는 **총합의 규칙**.

셋째, 아무것도 빠뜨리지 않았다고 확신이 들 만큼 완벽한
열거와 전반적인 검토를 어디서나 행하라는 **열거의 규칙**.

마지막으로 넷째, **분할의 규칙**입니다.

> 씨름 중인 난제를 가장 잘 풀기 위하여 필요한 수만큼
> 작게 분할하라. ─《방법서설》

그렇습니다. **'어려운 문제는 분할하라'**는 것입니다.

데카르트가 500여 년 전 겨울밤에 인류의 제반 학문을 혼자 힘으로 재구축하겠다는 결단을 내렸듯이, 인간은 누구에게나 자기만의 인생 목표가 있습니다.

하지만 엉덩이는 무겁기만 하고 정작 목표와는 동떨어진 생활을 합니다. 예전에 품었던 꿈에서 혼자 툭 떨어져 나간 듯한 느낌이 듭니다.

바로 그런 시기에 '어려운 문제는 분할하라'는 데카르트의 말을 떠올려보세요. 너무 거대해서 엄두가 나지 않는 인생 목표를 십 년 단위, 수년 단위, 일 년 단위, 월 단위, 하루 단위(일과)로 나누어 **자신이 소화할 수 있는 크기로 만드는 것입니다.**

하루를 시간, 더 작게는 분 단위로 쪼개고 목표를 토막토막 분할하면 작은 단위로 나뉜 그 각각의 시간 동안 우리의 집중력은 올라갈 수밖에 없습니다. 전철을 기다리는 자투리 시간까지도 충분히 활용할 수 있게 되는 것이지요.

목표까지 가는 여정이 한없이 아득해 보인다면 큰 목표를 소분해서 도중에 달성해야 할 하위 목표들을 여럿 세워두고

그 하위 목표 하나하나를 확실하게 매듭짓도록 합니다.[1] 하위
목표를 달성하면서 성취감이라는 기쁨을 맛보면 계속해서
그 일이 하고 싶어집니다. 차례차례 목표를 매듭짓다 보면
처음에는 엄두도 못 내던 곳까지 성큼성큼 다가서게 됩니다.

　원대한 꿈을 그리는 일은 굉장한 의욕을 필요로 하는
근사한 도전이지만 자칫 말뿐인 계획에 그칠 공산도
크지요. 하지만 **열의를 가지고 목표를 잘게 쪼개 몰두했을 때
어렴풋하던 꿈이 선명하게 보이기 시작합니다.**
　하나하나가 커다랗지는 않지만 확실한 결과와 성과가
드러나는 보람찬 작업이 됩니다. 인생이 지금보다
즐거워지리란 예감이 피부로 와닿게 되죠. 비현실적인
목표라고 해도 이를 능력껏 소화할 수 있는 크기까지 작게
쪼개는 방법이 바로 데카르트식 접근법입니다.
　데카르트는 이 방법으로 엄청나게 거대한 학문과 세상에
맞서 무에서 유로 자신의 학문을 구축해나갔습니다. **작은
목표를 달성하면 탄력이 붙어 또다시 다음 목표로 나아갈
추진력이 생겨납니다.** 마지막에 이렇듯 작게 쪼개놓은
조각들을 총합하면 거대한 학문 세계가 완성되는 것이죠.
　이는 분명 데카르트가 책들을 버리고 여정에 올랐을 때

느꼈을 다음과 같은 신체 감각이 빚어낸 방법론이었으리라
생각합니다.

> 홀로 어둠 속을 걷는 인간처럼 더없이 천천히 나아가며
> 온갖 것에 빈틈없는 주의를 기울이자. 그리하여
> 가까스로 한 걸음밖에 내딛지 못한다 하여도, 신중에
> 신중을 기하여 넘어지는 일만은 면하자고 다짐했다.
> —《방법서설》

데카르트는 《방법서설》에서 세계를 잘게 분해해 처음부터
새로이 재구축하는 방법을 구상했습니다. 그 세계가 구축될
확고부동한 토대를 '나는 생각한다, 고로 존재한다'라는
명제로 구현해낸 것입니다.

데카르트의 사고는 신이 전부라고 떠들어대던 유럽 사회가
신의 존재를 유보하고 오직 인간의 이성만으로 성립되는
세계관을 향해 첫걸음을 떼도록 하는 데 영향을 미칩니다.

철학뿐만 아니라 모든 근대 학문의 기초가 이 지점에서
시작되었습니다.[2] 그 시작점이 바로 **어둠 속에서 내딛은 한
걸음**, '나는 생각한다, 고로 존재한다'였던 것입니다.

아무리 거창한 목표라고 해도 그 실상은 작고 소소한

단위로 구성되어 있습니다.

　그렇다면 여러분은 이 장을 읽고 난 후 자신의 일거수일투족을 데카르트화해야 합니다. 현재 진행 중인 작업을 작은 단위로 분할해놓았는지, 그 작은 목표를 더도 말고 덜도 말고 딱 한 걸음 앞에 놓았는지 스스로에게 물어보세요. 꿈을 공상에 그치지 않고 실현하고 싶다면 지금부터 취하는 모든 행동의 이면에 데카르트식 사고[3]가 항상 뒤따라야만 합니다.

　　어려운 문제는 분할하라.

　　─ 르네 데카르트

고민 해결!

알아두면 쓸데 있는 철학 스토리

① 《상식 밖의 경제학》을 저술한 행동 경제학자 댄 애리얼리는 논문 교정처럼 품이 많이 드는 작업을 대학원생에게 맡기는 경우, 마감 기한이 닥쳐서야 해치우는 사람보다 마감 기한까지 기간을 나누어 여러 개의 '하위 목표'를 설정하고 차례차례 달성한 사람의 결과물이 더 뛰어나다는 실험 결과를 내놓았습니다. 2016년 세계 최고의 바둑 기사 이세돌을 꺾은 알파고를 비롯해 요사이 인공 지능 연구가 눈부신 발전을 이루어냈는데요. 이는 인공 지능이 알고리즘으로 1억여 개의 바둑 수를 읽어낸 데에 더해, 딥러닝을 통해 인간의 강점이라고 여겼던 직감까지 학습하게 된 덕분이라고 합니다.

② 데카르트는 근대 철학의 기초를 닦은 철학자로서 널리 이름을 알렸지만, 수학자로서도 놀라운 업적을 남겼습니다. 평면을 x축·y축으로 나누고 평면상의 점을 두 개의 숫자로 나타내는 '좌표'를 고안하여 수학의 기틀을 다졌습니다. 기하학과 대수학이 융합된 좌표 평면은 《방법서설》에서

일

거론한 총합의 규칙을 충실히 실천한 결과물입니다.

③ 데카르트는 연역적 사고의 창시자로 불리기도 하는데요. 연역법이란 세계를 움직이는 소수의 일반 진리를 대전제에서 소전제까지 모두 적용해 추론을 거듭해나가는 사고를 뜻합니다. 블레즈 파스칼은 철학자이자 수학자이면서 데카르트와 동시대를 살았던 라이벌로 데카르트의 연역적 사고를 비판했습니다. 파스칼은 데카르트의 질서정연한 직선적 사고를 '기하학 정신'이라고 인정하면서도, 귀납적 사고를 통해 복잡다기한 대상들의 배후에 감춰진 진실을 단번에 직감하는 '섬세한 정신'도 중요하다고 역설했습니다.

■ 철학 × 책

《방법서설》, 1637

《이성을 잘 인도하고, 학문에 있어 진리를 탐구하기 위한 방법서설, 그리고 이 방법에 관한 에세이들인 굴절광학, 기상학 및 기하학》이라는 다소 긴 원제를 갖고 있는 이 책은 데카르트의 철학 여정이 녹아 있는 기행문이라고도 할 수 있다. '근대적 주체의 확립'이라는 말로 요약이 가능하듯 근대성의 기초를 닦고, 새 시대의 문을 활짝 열어젖힌 데카르트의 대표 저서이다.

"움직이지 않고 제자리를 이탈하는 법"

사직서를 가슴에 품고 다닌 지도 벌써 몇 개월. 혼자 끙끙거리며 참는 것도 이제 한계에 부딪힌 것 같아요. 굳이 내가 아니어도 회사는 잘 돌아갈 테고, 세상도 변함없이 즐겁겠죠? 때로는 이런 고민에 길들여진 건 아닌지 두렵기까지 해요.

질 들뢰즈의 고민 상담

질 들뢰즈 Gilles Deleuze · 1925~1995

미셸 푸코, 자크 라캉과 더불어 현대 프랑스 철학을 대표하는 인물. 《니체와 철학》, 《베르그송주의》, 《스피노자와 표현의 문제》 등의 해설서를 발표하고 이단적인 철학자들을 다시 역동적으로 재해석해 새로운 철학을 만들어나갔다. 1969년 미셸 푸코의 뒤를 이어 파리 제8대학 철학과의 철학사 주임 교수가 됐고, 같은 해 평생의 철학적 동지였던 펠릭스 가타리를 만나게 된다. 68혁명 이후 가타리와 함께 《안티오이디푸스》, 《천 개의 고원》 등을 공동으로 발표하며 유럽에서 일어난 철학적 논쟁의 중심에 서기 시작했다. '리좀rhizome', '노마드nomad'와 같은 매력적인 개념을 제시했다.

굳이 내가 아니어도 누구나 할 수 있는데 뭘. 한 번뿐인 인생, 이런 일은 손대고 싶지 않아. 그보다는 내가 아니면 할 수 없는 일, 이 일을 하면 내 인생에 후회 따위는 남지 않을 것만 같은 일, 그런 특별한 일이 어딘가에는 있지 않을까.

이런저런 생각을 하다 보면 한숨이 흘러나옵니다.

회사를 그만두면 쉽게 해결되겠지만, 직장을 옮길 용기도 없거니와 오로지 내 능력에 의지해 먹고살 자신도 없습니다. 회사를 그만두고 빈털터리가 된 나를 상상하면 몸이 후들거려 그만두려야 그만둘 수가 없는 것이지요.

이런 상황에서는 도대체 어떻게 해야 할까요?

20세기 후반을 대표하는 프랑스의 철학자 질 들뢰즈는 **"움직이지 않아도 움직일 수 있다"**[1]고 말합니다.

회사 안에서 '개인'으로 살아남는 법

자본주의의 착취와 지긋지긋한 업무로 점철된 직장이라고 해도 자세히 들여다보면 여기저기에 보이지 않는 구멍이

숭숭 뚫려 있습니다.

사실상 **구멍투성이**와 다를 바 없다고 들뢰즈는 말합니다.[2]

더 나아가 그 **구멍을 발견함으로써 그곳에서 벗어날 수 있다**면서 이를 '자본주의로부터의 탈주'라는 시적 표현으로 주창하기에 이릅니다.

명문대 졸업, 대기업 입사와 같은 궤도를 성공한 삶으로 여기는 우리 사회에서 들뢰즈의 철학은 신선한 매력을 뽐내며 식지 않는 인기를 누리고 있습니다.

그러나 오해하지 말아야 합니다. 들뢰즈가 말한 '탈주'는 '일단 회사를 그만두고 자유로운 노마드의 삶을 즐기자!'라는 식의 물리적 도주나 소속 이탈보다는 정신적인 도주라고 보는 편이 맞습니다.

"내가 어디에 있는지는 중요하지 않다"고 들뢰즈는 말합니다.

회사를 그만두고 싶어도 그만두지 못한다면 그만두지 않아도 됩니다. 단호히 회사를 등질 필요 따위 전혀 없고, 그대로 남아 있어도 아무 문제없습니다.

그 상태에서 시간을 요령 있게 활용하면 됩니다. 회사 내규에 반하지 않고도 얼마든지 자기가 좋아하는 일을 할 수 있습니다. 물론 혼자만의 힘으로는 역부족인 일들이 있죠.

이때 회사 외부로 눈을 돌려 뜻을 함께할 사람들과 접촉하는 것입니다. 물밑에서 구상을 발전시키면서 뿌리를 키우고 싹을 틔울 수 있도록 북돋는 식으로요.[3] 적당한 시기에 다다랐다 싶으면 창조적인 활동을 도모하는 프로젝트에 본격적으로 시동을 걸어 회사 외부에서 자신의 가치를 높입니다. 그 과정 자체가 지긋지긋한 회사 생활에 좋은 기분 전환이 될지도 모릅니다.

이처럼 물샐틈없는 관리가 속속들이 미치는 고도 자본주의 산업 사회에서도 **모든 일은 생각하기 나름**이라며 그 속에서 **스스로 자유롭게 성장하며 살아가는 법**을 들뢰즈는 **탈주**라고 명명했습니다.

재빠른 on/off는 권장이 아닌 필수

탈주를 위해 갖춰야 할 것은 단 두 가지입니다. 어느 때고 틈새 시간을 활용할 수 있는 도구와 기민한 행동력입니다.

그러나 들뢰즈가 말했던 '움직이지 않는 탈주'를 가능하게 하려면 내면의 문제를 해결해야 하는데, 그것이 바로 **기분 전환**입니다.

회사에서 정장 차림으로 일하다 보면 육체도 공간도 자본주의 모드로 가동됩니다. 들뢰즈의 표현을 빌리자면 조정기regulator 속으로 빨려 들어가는 것이죠. 타성 내지는 관성에 함몰되어 아무리 진력나는 일이라도 해치우고야 마는 고급 수행원으로 꼼짝없이 전락하게 됩니다. 사회 도처에서 흔히 일어나는 일입니다.

아무리 업무에 불만을 느끼고 있어도 조정기의 힘이 워낙 강력한 탓에 업무가 끝나도 자기가 원하는 일을 하고 싶게끔 기분을 전환시키기가 매우 어렵습니다. 중요성은 떨어지지만 긴급성은 높은 잡다한 일과들로 스케줄표를 메꾸고 정신없이 바쁘게 살고 있다며 흡족해합니다.

의지만 갖고 조정기의 힘을 거스를 수 있을까요? **바쁜 와중에도 업무 전후로 틈새 시간을 찾아내 좋아하는 일과 의미 있는 일을 할 수 있을까요?**

성공 여부는 기분을 전환시키는 기술에 달려 있습니다만,

손바닥 뒤집듯 재빠르게 기분을 전환시키지 못하는 이유는 스트레스 때문입니다. 상사의 반응이 부정적이라든지, 거래처에서 싫은 소리를 들었다든지, 업무를 수행하다 보면 많든 적든 간에 불가피하게 정신적인 스트레스가 쌓이고 맙니다.

다른 업무를 하면서 이전에 받은 스트레스를 해소할 수 있으면 좋으련만 이어지는 업무에서도 여지없이 스트레스를 떠안게 됩니다. 연쇄 반응이 일어나는 것이죠. 담배 한 개비 손댔다가 연신 줄담배를 피우는 지경에 이르는 일종의 중독 상태에 빠져듭니다.

스트레스 연쇄를 유발하는 중독성 짙은 직장 분위기에 휩쓸리지 않고 진정 자기가 해야 할 일을 향해 마음가짐을 신속히 전환할 수 있어야 합니다. 현실적으로 틈새 시간만 노려서는 하고 싶은 일을 제대로 할 수 없습니다. 하루를 일찍 시작하는 등의 방법을 동원해 누구의 방해도 받지 않는 시간을 일상에서 충분히 확보해야 합니다.

들뢰즈는 급진적 철학자답게 자본주의로부터 탈주할 것을 강조했습니다만, 그 방법이 언제나 남들 보기에 번듯할 수만은 없을 테지요. 회사에서 등한시하는 업무를 수행하고 절치부심하면서 고독하게 자기 일에 열중할 각오가 탈주에 수반되어야 할 때도 있습니다.

　'나는 일개 회사원이지만 상사나 동료의 시선 따위 상관없이 내 할 일을 하고야 말겠다' 정도의 고립을 두려워하지 않을 각오만 있으면 됩니다. 폐쇄적이고 갑갑해 보이는 직장 환경도 **마음먹기에 따라 언제든지 '벗어날 수 있는' 방법과 틈새로 가득한 희망의 탈출구**라는 사실을 깨닫게 될 것입니다.

　탈주선을 그어라.

　— 질 들뢰즈

알아두면 쓸데 있는 철학 스토리

① 들뢰즈는 미국 역사학자 아놀드 토인비의 말을 인용해 다음과 같이 말합니다. "탈주란 정확히 여행도 이동도 아니다. (…) 탈주는 그 자리에 머무른 채 움직이지 않고도 가능하기 때문이다. 토인비가 말하는 지리학적 의미상 유목민(노마드)이란 엄밀하게 따지면 이주민도 여행자도 아니다. 오히려 움직이지 않는 사람들, 초원에 집착하는 사람들, 그 자리에서 탈주선을 따라 성큼성큼 걸으며 움직이지 않는 사람들, 신무기를 고안한 가장 위대한 발명가들을 가리킨다."

② '구멍'의 원어는 'ligne de fuite'입니다. 영어로 옮기면 'line of flight', 직역하면 '도주선 또는 탈주선'인데 'fuite≒flight'에는 '물이 새다, 가스가 새다'라는 의미가 내포되어 있습니다. 억압적이고 폐쇄적인 시스템을 '수도관'에 빗대서 수도관을 파열시키고 물이 수도관을 이탈한다는 뉘앙스를 담아 이 책에서는 '구멍'이라고 썼습니다.

들뢰즈는 기존의 장소(Espace Strié. 울퉁불퉁 패인 공간)와 새로운 장소(Espace Lisse. 매끄러운 공간)를 잇는 장소로서 '다공 공간(Espace troué. 숭숭 구멍 난 공간)'을 제시한 만큼 '구멍(공孔)'은 들뢰즈에게 친숙한 이미지였다고 볼 수 있습니다.

③ 들뢰즈와 가타리가 제시한 개념 중의 하나가 '리좀'입니다. 상명하달식 수직 사회에서 나타나는 계층 구조를 '트리tree'라고 부릅니다. 이를테면 최고 권위자를 중심에 놓고 아래로 내려가는 전형적인 서열 구조이지요. 리좀(뿌리줄기 조직)은 트리와 대비되는 개념으로, 중심점 없이 수평으로 무섭게 뻗어나가는 뿌리줄기의 모습을 형상화한 개념입니다.

이탈리아의 사회학자 안토니오 네그리는 들뢰즈의 리좀 개념으로부터 영향을 받아 마르크스의 계급 투쟁의 현대판 개념인 조직에 얽매이지 않는 개인의 다원적 네트워크(다중Multitude)가 자본주의의 모순에 대항할 수 있다고 생각했습니다. 인터넷상의 약한 유대(weak ties. 미국의 사회학자 마크 그라노베터가 제시한 이론)를 활용해 자신의 개성을 발휘하는 일을 찾아나가자는 '두 번째 명함'이나

'병행 경력parallel career', 또는 이러한 흐름에 화답하여 기업이 내놓은 '부업 허용'과 같은 근무 방식의 변화도 넓은 의미에서 다중에 해당한다고 볼 수 있죠. 무엇보다도 평소에 인적 네트워크를 넓혀 다양한 방면에 탈주선을 그어놓는 것이 중요합니다. 숨이 턱 밑까지 차오를 때 과감히 이탈할 수 있는 나만의 장소(어사일럼Asylum. 통치권력이 미치지 않는 일종의 치외법권 지대)를 충분히 확보해놓아야 합니다.

■ 철학 × 책

《안티 오이디푸스》, 1972

철학자 질 들뢰즈와 정신 분석학자 펠릭스 가타리가 68혁명 이후의 현재적 상황을 반성적으로 사유한 책이다. 프로이트와 라캉의 기존 정신 분석학이 정신 병리를 개인의 문제로 환원시킨 것을 비판의 대상으로 삼아 욕망은 결핍이 아니라 생성적인 흐름이며, 정신 병리 현상은 사회 체제의 문제라고 지적했다. '자본주의와 분열증'이라는 주제 아래 쓰인 또 하나의 책 《천 개의 고원》과 함께 현대 프랑스 철학의 대작으로 손꼽힌다.

벗들이 성공할 때마다
나는 서서히 죽어간다.

— 고어 비달

Ⅱ. 자존감

"명상을 통해 '마음 근육' 키우기"

사흘 앞으로 다가온 중차대한 프레젠테이션, 거래처와의 회식 자리, 상사 앞에서 해야 하는 업무 보고까지…. 늘 잘해야 한다는 중압감 때문에 더 긴장되고, 긴장하면 긴장할수록 실수만 연발해요.

이 기회를 놓치고 싶지 않은데, 어떡하죠?

붓다의 고민 상담

고타마 싯다르타(붓다) Gautama Siddhārtha · 기원전 563~483 추정

부처, 석가모니, 석가세존 등으로 다양하게 불린다. 현재 네팔 부근에 위치한 작은 왕국의 왕자로 태어났으나 인생에 대해 번민하다가 모든 지위와 부귀영화를 버리고 출가했다. 당시 출가자의 풍습이었던 극심한 고행의 시간을 보낸 뒤 보리수나무 아래에서 깨달음을 얻었다. 이후 인도 북부를 중심으로 가르침을 펼치고 많은 이들을 교화하다가 80세의 일기로 열반에 들었다고 전해진다. 그의 가르침은 인도에서 중앙아시아를 거쳐 중국과 동남아시아, 한반도와 일본까지 전파되었다.

중요한 자리에서 극도의 긴장감을 호소하는 이들에게
불교의 가르침은 더없이 효과적인 처방전입니다.

이 장에서는 타이와 미얀마 등지의 동남아시아를 중심으로
퍼져나간 상좌부불교의 가르침을 살펴보려고 합니다.[1]

붓다의 가르침에 따르면 우리 인간은 본디 **갈애**(渴愛.
번뇌에 얽혀 삼독三毒과 오욕五慾에 집착함)를 지닌 채로
태어난다고 합니다. 외부 세계의 갖은 자극을 통해 과거에
일어난 일과 미래에 일어날 일을 상상한다는군요. 그 망상
속에서 애착하는 대상을 탐하고, 애착하지 않는 대상을
싫어하며, 그 자체를 지각하지 못한 채 어리석음을 범한다고
합니다. 이러한 인간의 탐貪·진瞋·치癡가 갈애를 빚어냅니다.
**그리고 '갈애'에는 '번뇌'라는 농밀한 감정이 엉겨 붙어 있어
'집착'을 만들어냅니다.**

○ 돌이킬 수 없는 실패란 없다

'갑자기 엄습하는 긴장감'도 마찬가지입니다.
프레젠테이션과 회식 자리를 상상하면 윗사람에게 잘 보이고

고타마 싯다르타(붓다)

싫고 체면을 구기고 싶지 않다는 생각이 제일 먼저 듭니다. 그저 상상임에도 불구하고 인생의 사활이 걸린 중차대한 문제로 인식되어 마치 실체가 있는 것처럼 느껴집니다.

'과연 성공할까', '못하면 어떡하지'처럼 극심한 불안감과 긴장감이 생겨나면서 무슨 수를 써서라도 망치고 싶지 않다는 집착이 강렬해집니다. 아직 일어나지도 않은 일에 지레 가슴을 졸이고, 하루하루 긴장감을 더해갑니다.

앞일을 지나치게 걱정하고 막상 제 차례가 다가오면 불안감과 긴장감으로 안절부절못합니다. 여기서 알 수 있는 사실은 **'갈애', '번뇌', '집착'에 자기감정을 몰아넣고 부채질하는 '습성'에 우리가 젖어들어 있다**는 것입니다.

우리는 그 습성을 객관적인 혹은 폭넓은 시각으로 바라보려 하지 않습니다. 아무것도 지각하지 못한 채 그저 날마다 습성에 이리저리 끌려다닙니다. 무수하고 잡다한 일상의 자극을 통해 습관적·맹목적으로 끊임없이 번뇌를 키우고 부풀리는 상태로 살아가는 것이죠.[2]

불교의 가르침은 명쾌한 해답을 제시합니다.

무릇 집기集起하는 성질을 띠는 것은 하나같이

멸진滅盡하는 성질을 띠는 것이다. —《마하박가·율장대품》

원인에 의해 생겨난 모든 것은 언젠가 사라진다는 뜻입니다. 우리가 경험하는 모든 현상은 여러 원인이 한데 모여들어 일어나며, 그 원인이 사라지면 깨끗이 소멸합니다.

이것이 바로 불교의 중심 사상으로 꼽히는 **연기**緣起입니다. 연기란 이것이 있으면 그것이 있고, 이것이 생기기 때문에 그것이 생긴다, 다시 말해 갖가지 원인이 모여들어서 현상이 일어난다는 것입니다. '운이 좋다' 혹은 '재수가 좋다'라는 말을 일본에서는 '연기緣起가 좋다'라고 표현합니다. 세상의 모든 현상은 연기하여 일어나므로 곧 일정하지 않고 늘 변하는 것(무상無常 또는 공空)일 따름이며 그렇기에 **실체가 없는 일시적인 현상**에 지나지 않습니다.

불안감과 긴장감이 유발되는 과정을 연기 사상으로 설명해볼까요? 지금 자신을 옥죄고 있는 긴장과 불안은 '칭찬받고, 인정받고 싶지만 자신이 없어' 또는 '기회는 지금뿐이야' 등의 감정적 원인들이 모여 가중되고 심화된 결과물입니다. 자기 차례가 끝나면 이윽고 언제 그랬냐는 듯이 멸진하여 **끝내 사라지는 '무상'한 것**이죠.

고타마 싯다르타(붓다)

프레젠테이션이나 데이트도 매한가지입니다. 세상만사 잘 되든 안 되든 결국엔 흔적도 없이 사라질 일이라고 생각하면 마음이 한결 가벼워집니다.

세상의 무상함을 알고 있다면 세상에는 실체를 확인할 수 있는 것이 아무것도 없고, 이 모든 것은 모여들었다가 이내 흘러가버리는 현상일 뿐이라는 사실을 깨닫게 됩니다. '망치기 싫어', '낙오되고 싶지 않아' 같은 번민으로 과거와 미래에 대한 집착을 키우기보다는 '지금, 여기'에 집중하는 연습을 꾸준히 해보는 건 어떨까요?[3]

○ '고민하는 사람'에서 '고민을 관찰하는 사람'으로

불교는 이론과 더불어 실천(수행)을 중시하는 학문이기에 '행학行學'이라고도 부릅니다. 번뇌와 번무繁茂 또는 팽창을 가로막기 위한 주된 수행 방법으로는 명상이 있으며, 가부좌를 트는 좌선 명상은 정밀한 체계를 갖추고 있습니다. 긴장감이 밀려들 때 역시도 큰 도움을 줍니다.

명상하는 방법은 간단합니다. 앉아서 명상하는 좌선법인 결가부좌 혹은 반가부좌 자세를 취하거나 의자에 기대 등허리를 곧게 펴고 바르게 앉습니다. 눈을 반쯤 뜨거나 감고 긴장한 자신을 있는 그대로 관찰합니다. 내면의 긴장을 억누르려고도 하지 말고 그저 있는 그대로 **객관적으로** 바라봅니다.

불안해서 잠이 오지 않는다면 불안해서 잠이 오지 않는다는 사실을, 방금 전까지 긴장했다면 긴장했다는 사실을 스스로 확인합니다.

실제로 명상을 해보면 온갖 잡념이 꼬리에 꼬리를 물고 일어나 머릿속을 헤집기도 하지만 그저 관찰하고 확인함으로써 긴장이 완화되는 효과를 실감할 수 있습니다. 긴장은 여전히 우리 안에 남아 있으나 이에 휩쓸리지 않고 긴장 자체를 또 다른 내가 바라보듯 대상화하여 거리감을 유지합니다.

그렇습니다. **명상은 '고민하는 사람'에서 '고민을 관찰하는 사람'으로 거듭나게 해줍니다.**

어째서 이런 간단한 행동만으로 긴장이 완화될까요? 인간의 뇌에는 머릿속을 객관적으로 바라보는 기능('메타

고타마 싯다르타(붓다)

인지'라고 합니다)을 관장하는 기관이 있기 때문입니다. 바로 배내측 전전두엽 피질이란 기관인데요. 명상을 하면 이 부위로 흘러들어가는 혈류량이 늘어난다는 실험 결과가 있습니다. '경험의 주체로서의 나'뿐만 아니라 '이를 객관적으로 조망하는 나' 역시 단련할 수 있다는 과학적 근거가 제시된 셈입니다.

붓다가 열반에 들 때 마지막으로 남긴 말은 다음과 같다고 합니다. "이런저런 모든 현상은 간곳없이 사라질 터. 나태함에 빠지지 말고 수행을 완성하라."

이 말처럼 **운동으로 근육을 키우듯 명상으로 '마음 근육'을 키울 수 있다**는 사실이 뇌 과학 분야에서도 입증되었습니다.

물론 명상의 위력이 긴장할 때만 발휘되는 것은 아닙니다. 짜증이 치밀 때, 누군가를 향한 집착이나 분노가 수그러들지 않을 때, 질투나 콤플렉스에 시달릴 때, 인간관계에서 문제가 생겼을 때도 효과를 발휘합니다. 일상에서 겪을 법한 마음속 고충을 명상으로 덜어낼 수 있습니다. 붓다는 이 지혜를 이미 2500여 년 전에 짜임새 있는, 하나의 완결된 체계로 정리해놓았습니다.

우리는 세상에서 받는 고통을 경감시키는 붓다의 가르침과 명상법을 불교의 위대한 유산으로서 물려받았습니다.
이것이야말로 스트레스의 홍수 속에서 살아가는 현대인이
반드시 갖춰야 할 기술이 아닐까요?

생겨난 모든 것은
그 인연이 다하면 사라질
무상한 것이다.
지금, 여기에 집중하라.

— 붓다

고민 해결!

고타마 싯다르타(붓다)

알아두면 쓸데 있는 철학 스토리

① 붓다가 열반에 든 이후 불교는 20개의 교파로
갈라졌습니다. 그중에서 상좌부불교는 붓다의 가르침인
원시 불교를 혼자 힘으로 깨달아 해탈에 이르고자 했던
불교입니다. 기원전 3세기경 스리랑카로 전파되어
동남아시아에 보급되었습니다.

　한중일 불교의 주류를 이루는 대승 불교는 개인의 해탈과
깨달음만을 강조한 상좌부불교의 자기 몰입적 성향을
비판하며 자비와 중생 구제(이타행利他行)를 표방한 개혁파
불교입니다. 대승 불교의 정신이 응축된 결정체가 바로
《유마경》이라는 경전인데요. 여기에는 대상大商이자 불교에
정통했던 재가불자 유마힐과 붓다의 뛰어난 제자들이
등장합니다. 출가하지 않고 속세에 머무는 세인 유마힐이
제자들의 코를 납작하게 만드는 이야기죠. "불도를 이루려면
속세에 거하며 비도非道를 행하면서도 그것에 사로잡히지
않아야 한다"고 했던 신란親鸞의 가르침과 상통하는
'번뇌즉보리(煩惱即菩提. 번뇌는 곧 깨달음)'의 생활 태도를
눈여겨볼 필요가 있습니다.

　자존감

② 사람은 불과 1~2초 사이에 한 가지 생각을 떠올린다고 합니다. 하루로 따지면 약 7만 개의 상념이 생기는 셈입니다. 우리가 한평생 떠올리는 잡념을 다 합치면 어마어마한 분량이 나올 겁니다. 게다가 스마트폰 보급으로 인해 현대인이 집중력을 유지하는 시간은 겨우 8초에 지나지 않는다고도 하죠. 오늘날은 지식과 정보가 범람하는 시대입니다. 온갖 정보를 흡수하다가 정작 자기 자신을 상실할 공산이 큽니다. 그런 만큼 지금, 여기로 나 자신을 복귀시키는 명상이 필요합니다. 같은 맥락에서 현대 정보화 시대의 첨병인 실리콘 밸리가 명상 유행을 선도하는 지역이 된 것은 필연적인 현상이라고 볼 수 있습니다.

③ 이것을 '알아차림(사티^{Sati})'이라고 합니다. 붓다에게 깨달음을 안겨준 명상을 대승 불교의 관점에서 현대 서구 사회로 전파한 이가 프랑스로 망명했던 베트남 출신 선승 틱낫한입니다. 틱낫한은 마음챙김^{mindfullness} 명상을 제시하였으며 구글 본사에서 걷기 명상을 가르치고 있습니다.

고타마 싯다르타(붓다)

"'본질'을 부정하고
'실존'을 살다"

짜리몽땅한 키, 뚱뚱한 몸, 작은 눈, 움푹 꺼진 코,
커다란 얼굴, 튀어나온 턱, 짧은 다리, 살집 두둑한
허벅지, 듬성듬성한 머리숱…. 겉으로는 신경 쓰지 않는
척하지만 거울을 볼 때마다 낭패감에 사로잡혀요.
아, 이런 열등감이라니!

장 폴 사르트르의 고민 상담

장 폴 사르트르 Jean-Paul Sartre · 1905~1980

삶의 부조리를 고발하는 동시에 삶의 희망을 이야기한 프랑스의 실존주의 철학자. 두 살 때 아버지를 여의고 외조부 슬하에서 성장했다. 한때 문학교수를 꿈꿀 만큼 문학적 교양이 높았던 외조부의 영향으로 글쓰기를 시작했다. 이후 프랑스 고등사범학교에서 철학을 전공했으며 이때 만난 시몬 드 보부아르와 계약 결혼을 해 당대에 화제가 되기도 했다. 1939년 2차 세계 대전에 참전해 포로가 되었다가 1941년 수용소에서 석방되었는데, 이 시기에 집필한 《존재와 무》는 전후 사상계에 돌풍을 일으키며 그를 일약 스타로 만들어주었다. 1964년 회고록 《말》로 노벨 문학상 후보에 오르지만 수상을 거절했다.

외모 콤플렉스는 타고난 신체 조건과 직결된 탓에 철학으로 도무지 해결할 도리가 없는 문제라고 치부하기 쉽습니다. 그러나 이번에도 어김없이 철학은 우리에게 해답을 제시해줍니다. 외모 콤플렉스를 극복하기 위한 열쇠가 바로 사르트르의 철학입니다.

사르트르의 실존주의 철학을 이해하려면 인간과 인간 이외의 동물이 본질적으로 다르다는 점을 먼저 살펴보아야 합니다. 차이점을 파악한 후에 본격적으로 해답을 구해봅시다.

도마뱀을 예로 들어보죠.

도마뱀에는 '도마뱀'이라는 '본질'이 있습니다. 딱딱한 비늘로 덮여 있는 파충류의 일종으로 네 발을 이용해 벽과 천장에 찰싹 달라붙은 채 걸어 다니며 곤충 따위를 잡아먹습니다. 기다란 꼬리를 지녔고 천적과 맞닥뜨리면 자기 꼬리를 잘라냅니다. 떨어져 나간 꼬리가 꿈틀거리며 천적의 시선을 끄는 동안 잽싸게 달아납니다.

살아 있는 동안 자기를 닮은 자손을 낳아 번식한다든지 그 밖에도 여러 가지 속성들을 갖추고 있습니다. 이러한 속성을

장폴 사르트르

지닌 도마뱀은 도마뱀 그 이상 그 이하도 아닙니다. 도마뱀의 이런 갖가지 속성들은 도마뱀만의 변하지 않는 본질이라고 말할 수 있습니다.

인간은 아찔할 만큼 자유를 가지고 있다

반면 **인간에게는 본질이라는 것이 없습니다.** 본질이 있다손 치더라도 무엇이든 상관없습니다. 굳이 꼽으라면 커다란 뇌를 가지고 저마다 다른 생김새로 태어난다는 사실 정도일까요? 신이나 부모가 정한 혹은 하늘이 점지해준 **인생의 의미나 목적 따위는 애당초 존재하지 않습니다. 인간은 그야말로 자유로운 존재입니다.** 느닷없이 간밤에 훌쩍 여행을 떠난다든지 자기 마음대로 무슨 일이든 시도할 수 있습니다. 상사와 회사는 말할 것도 없거니와 신도 부모도 친구도 내가 무엇을 해야 하는지 결정해주지 않습니다. 감히 해서는 안 될 일도 사실 인간에게는 없다고 볼 수 있죠.

우리 인간은 이 세상에 의미 없이 수동적으로 내던져진,

자유로운 상태에서 석방될 수 없는 존재입니다. 이것이 바로 사르트르가 이야기했던 "인간은 자유형을 선고받았다"는 말의 의미입니다. '인간은 자유라는 저주에 걸렸다'는 표현도 퍽 들어맞습니다. 자유로움은 동물과 인간을 가르는 결정적인 차이점입니다.

동물과 인간을 철학 언어로 치환하면 도마뱀(동물)은 즉자존재卽自存在, 인간은 대자존재對自存在가 됩니다. 즉자존재란 그것이 실제로 있는 곳에 있을 따름인 존재입니다.

반면 대자존재는 사르트르의 말을 빌리자면 "존재하지 않는 것으로 존재하고, 존재하는 것으로는 존재하지 않는 존재 양식"입니다. 이 말은 곧 타고난 것에 구애받을 필요가 없다는 뜻입니다. **앞으로 되고자 하는 것, 그러나 아직 되지 못한 것이 될 수 있다는 의미로서 실존주의 철학에서는 아주 중요한 사유**입니다.

그의 철학은 인간에 대한 선험적인 본질을 부정함으로써 인간 이해의 새로운 가능성을 열어주었습니다.

우리는 영문도 모른 채 신체, 얼굴, 국가, 거주지 같은 조건들과 함께 세상에 툭 내던져지죠. 인간은 이런 사항들을 결정할 수 없습니다. 그 덕분에 일상생활 속에서 다양한 결핍을 경험하게 되지요.

그러나 실존주의 철학에서는 우리가 결정하지 못한 인생의 조건들, 그로 인한 결핍들을 자기와 동일시하지 않아도 된다고 이야기합니다.

인간이란 '나는 ○○다' 같은 인식에 얽매이는 일 없이 **자기 이미지의 굴레를 벗어던지고 스스로 가능성을 개척해나가는 존재**입니다. 현존하는 세계에 돌연 내던져진 인간은 실존하는 자기 자신을 끊임없이 극복해나갈 수 있습니다. 인간은 또한 스스로 미래를 선택하고 자기 모습을 그리는 프로젝트를 통해 이를 실행에 옮기는 생명체입니다. 사르트르는 인간이 자기 의지와 상관없이 내던져진 피투적(被投. thrownness) 존재이면서 바라는 대로 자기 모습을 꾀하는 기투적(企投. projet)존재라고 말했습니다.

그에 반해 도마뱀을 비롯한 동물들은 사정이 다릅니다. 도마뱀은 도마뱀 이외의 모습으로 살아가기를 결정할 수 없지요. 그렇기에 도마뱀은 인간과 다릅니다. 인간만이 본래 주어진 자기 자신을 부정하고 온갖 족쇄로부터 자유로울 수 있는 생명체입니다. 이 개념을 통해 **실존이 본질에 앞선다**는 사르트르 실존 철학의 핵심을 이해할 수 있습니다.

인생이라는 전쟁은 '나'의 전쟁이 되어야 한다

인간만큼은 실제 자기 상태가 어떻든지 간에 '나는 ○○가 될 거야'라고 마음먹고 ○○에 무엇이든지 대입할 수 있습니다. 그야말로 자유로운 존재입니다. 평범한 외모로는 미남미녀와 결혼에 골인할 수 없다든지, 가방끈이 짧으니 대학교수가 될 수 없다든지, 변변한 직업이 없으니 유수의 문학상을 받지 못하란 법이 없습니다. 오히려 사르트르는 주어진 상황에 좌절해 아무것도 하지 않는 것은 자유가 아니며 다만 그릇된 신념이 빚어낸 무책임한 행동에 불과하다고 역설했습니다.

동물 중에서 유일하게 인간만이 본래 주어진 나를 벗어날 수 있는 자유로운 존재입니다. 사르트르는 매 순간 결단하고 선택함으로써 저마다의 자유를 행사해 자신의 존재를 만들고

©Rapho/AFLO

노년의 사르트르

그 선택에 책임을 다하라고 주장합니다. 나아가 그 생각을
확장해 사회에 결부시키라고 촉구했습니다.

　인생 중반을 넘긴 사르트르는 자신의 철학을 몸소
실천하기 시작합니다. 베트남 전쟁에 개입한 미국을
비판하고 쿠바의 독립운동을 이끈 체 게바라를 지지하는
등 당시 국제 정세에 과감하고 진취적인 자세로 사회
참여(앙가주망engagement)에 나서며 발언을 아끼지
않았습니다. 사르트르는 "자기 본연의 모습을 자유롭게

선택하고, 그 선택에 책임을 다한다"는 실존주의 철학을 본인의 인생을 통해 충실히 실현해냈습니다. 소설가, 극작가, 비평가, 저널리스트, 사회 운동가에 이르기까지 **전방위적으로 에너지를 쏟아부어 행동으로 밀어붙였습니다.** 그리고 **그의 행동력을 고취시킨 원동력은 다름 아닌 외모 콤플렉스**였습니다.

청년 사르트르는 우등생이었으나 전학 간 학교에서 미모의 여학생에게 고백했다가 퇴짜를 맞은 아픈 과거를 지니고 있었습니다. 작달막한 키에 눈동자는 희번덕거렸고 사시가 무척이나 심했다고 합니다. 이성의 관심을 얻고 싶은 마음은 컸지만 심각한 외모 콤플렉스를 가지고 있었죠.[1] 사르트르는 연애에서 불리한 조건을 떠안고 있으면서도 이를 극복하기 위해—'본질'을 부정하고 '실존'을 살기 위해—자신의 외모 콤플렉스를 이론으로 중무장하여 《존재와 무》를 썼다고 해도 과언이 아닙니다.

나는 글쓰기를 통해 다시 태어났다. 그전에는 거울에 비친 이미지에 불과했다. ―《말》

그는 철학적으로 사유하고 그 사유를 언어로 쓰며
실존주의적인 인간으로 새롭게 태어났습니다.

거울에 비친 선천적 신체 특징들을 버렸던 그때 비로소
사르트르라는 인간이 '태어난' 것입니다. 작은 키와 못생긴
얼굴로 태어난 자신을 부정하고[2] 날 선 사고로 세상을 가차
없이 토막 내는 지식인으로 발돋움했습니다. 오늘날로
따지면 '뇌섹남'의 면모를 유감없이 발휘한 셈입니다.

지성만 갈고닦으란 법은 없습니다. 몸을 꾸준히 단련해
멋진 몸매를 만들거나 옷차림을 세련되게 꾸밀 수도
있습니다. 아무리 미남미녀의 기준에서 멀리 벗어나
있더라도 올바른 의지와 노력으로 스스로 되고자 하는
실존에 가닿을 수 있습니다.

실제로 사르트르는 같은 학교에 다니던 미녀 대학생 시몬
드 보부아르와 교제하며, 상대방의 자유와 자립을 서로
인정해주는 자유 결속 관계(유니옹 리브르union libre)를 맺고
반려자로서 평생 살아갑니다. 그뿐 아니라 철학사에 불후의
걸작을 남기고 동시대 지적 영웅[3]으로 추앙받으며 집필과
강연을 하는 틈틈이 미모의 여성들과 사랑을 나누었습니다.
노년에 갑작스럽게 실명했지만 그 후로도 한결같이 여인들의

자존감

사랑을 한 몸에 받았다고 합니다.

　외모로 고민하고 고백했다가 퇴짜 맞은 문학청년에서
전무후무한 존재, 인기 지식인으로 거듭난 사르트르.
　그의 프로젝트는 성공적이었네요.

> 인간은 그 자신이 스스로
> 만들어낸 것에 지나지 않는다.
>
> ─ 장 폴 사르트르

고민 해결! *J.P. Sartre*

알아두면 쓸데 있는 철학 스토리

① 사르트르도 어렸을 적엔 제법 귀여운 외모를 자랑했다고
합니다. 초등학생 시절 이발소에서 머리를 너무 짧게 잘라
모양이 예쁘게 잡히지 않자 다시 길러야겠다고 생각한 날이
바로 소년 사르트르가 외모 콤플렉스를 처음으로 자각한
때라는군요.

② 사르트르와 절친한 사이였다가 훗날 등을 돌린
철학자가 모리스 메를로 퐁티입니다. 메를로 퐁티의 실존
철학이 사르트르와 다른 점은 자기에게 우연히 주어진
것을 부정하지 않고 타고난 신체 조건과 기질을 받아들여
진취적인 자세로 도전한다는 것입니다. 메를로 퐁티는
조현병을 안고 태어났지만 오히려 이를 기회로 삼았습니다.
'눈에 비친 모습을 어떻게 고스란히 옮길까'란 주제에
천착하며 창조적인 화법을 구축한 근대 회화의 아버지
세잔을 사례로 들며 신체를 중심으로 독자적인 실존 철학을
전개해나갔습니다.

자존감

③ 사르트르의 실존주의 철학은 훗날 문화 인류학자 클로드 레비 스트로스로부터 신랄한 비판을 받습니다. 차세대 지식인으로 떠오르던 구조주의자들은 개인이 세상을 바꾸겠노라고 으스대봤자 개인의 행동 따위는 세상이란 '구조'의 격자 속에 갇혀 있을 뿐이라고 말했습니다. 하지만 포스트 사르트르 세대인 질 들뢰즈가 솔직히 시인했듯, 후대 철학자 상당수가 모든 영역을 선점하다시피 했던 걸출한 능력자 사르트르를 내심 존경하고 있었습니다. 사르트르는 후배 철학자들이 넘어야 할 큰 산과도 같았습니다. 어찌 됐든 사상계에 자기 위치를 구축하기 위해서 사르트르를 조소하고 비판하며 부정적인 자세를 취할 수밖에 없었던 것이죠.

■ 철학 × 책

《존재와 무》, 1943

존재의 결핍(무無)을 넘어서고자 하는 인간의 욕망을 연구한 책이다. 존재하는 그대로의 나(즉자존재), 나의 외부에서 나를 인식하는 나(대자존재), 타인과 관계를 맺고 있는 상태로서의 나(대타존재) 등으로 존재의 영역을 구분했다. 인간이 세계와 맺는 존재 관계, 인간과 인간이 맺는 존재 관계를 현상학적으로 기술함으로써 실존주의적 중심 사상을 잘 나타낸 사르트르의 대표작이다.

"지나가라, 그러나 또다시 내게 오라!"

믿었던 친구의 배신, 준비하지 못한 채 맞이한 이별,
돌이킬 수 없는 실패···. 과거의 아픈 기억이 잊을 만하면
되살아나 마음속을 헤집어놓고 지금 이 순간의 행복감도
엉망진창으로 만들어놓곤 해요.
어떻게 벗어나야 할까요?

프리드리히 니체의 고민 상담

프리드리히 니체 Friedrich Nietzsche · 1844~1900

19세기 말 독일의 고전 문헌학자이자 시인. 시대를 앞서갔으나 시대에게 외면당한 천재. 사후 철학자로 더 많은 명성을 얻었다. 문헌학에 대한 특출난 재능을 알아본 리츨 교수의 추천으로 20대 중반이라는 젊은 나이에 스위스 바젤 대학의 고전 문헌학 교수직에 발탁된다. 이후 10여 년간 교직 생활을 하다가 건강상의 이유로 사임한 뒤 스위스 제네바로 휴양을 떠나 그곳에서 지냈다.[1] 니체의 핵심 사상이라 할 수 있는 '영원 회귀'에 대한 구상을 처음 떠올린 것도 바로 이 시기이다. 이후 유럽을 떠돌며 집필 활동에 몰두해 《차라투스트라는 이렇게 말했다》, 《도덕의 계보》, 《이 사람을 보라》와 같은 불후의 저작들을 남겼다. W. B. 예이츠, 라이너 마리아 릴케, 헤르만 헤세, 토마스 만, 마르틴 하이데거, 알베르 카뮈, 장 폴 사르트르, 질 들뢰즈 등의 수많은 작가와 철학자에게 영향을 주었다.

인생에는 언제나 실패가 뒤따릅니다.

"나는 ○○가 될 거야!" 주변 사람들에게 호언장담했지만 얼마 못 가 좌절하거나, 사람들에게 웃음을 주겠다고 나섰다가 냉담한 반응만 돌아오거나, 오랫동안 마음에 두었던 사람과 거리를 좁힌답시고 다가갔다가 되레 사이가 나빠지는 일들이 이따금 일어납니다.

그런 과거의 기억들은 어느 날 불쑥 되살아나 마치 목구멍으로 울컥울컥 넘어오는 위액처럼 쓸쓸한 기분을 맛보게 합니다. 한참 시간이 흘렀는데도 그때 그 기억은 여전히 생생하기만 하고 후회까지 밀려듭니다. 도전이 꼭 성공으로 귀결되리란 법은 없습니다. 외려 아픔을 맛보는 경우가 많죠.

나이를 먹을수록 점점 재고 따지는 것이 많아지고, 실패할까 두려워 방관자를 자처하거나 위험한 일에는 일절 손대지 않게 됩니다. 현상 유지에 만족해하며 분수껏 사는 방식에 젖어듭니다. 하지만 실패를 두려워하지 않고 과감하게 도전하는 사람과 비교했을 때 어느 쪽이 최선을 다해 살았다고 말할 수 있을까요?

프리드리히 니체

19세기를 대표하는 철학자 프리드리히 니체는 그의
첫 저서 《비극의 탄생》에서 현명하고 이성적으로 사는
전자의 삶을 '아폴론적인 삶', 기쁨과 고통을 넘나드는
**파란만장한 운명을 걸머지고 그 운명에 농락당하는 후자의
삶을 '디오니소스적인 삶'**이라고 일컬었습니다. 그리고
소포클레스의 그리스 비극을 양쪽 삶이 결합된 예술로 보고
인간이 거울삼아야 할 인생의 본보기라고 예찬했습니다.

○ 불행한 경험이 없으면
행복한 추억도 생겨나지 않는다

자기 욕망에 충실하게 살아가는 디오니소스적인
인생에서는 이런저런 경험을 치러내면서 불행이 싹트기도
합니다. 하지만 그만큼 흐뭇하고 행복한 일도 생겨납니다.
《차라투스트라는 이렇게 말했다》에서 니체는 그 이유에 대해
다음과 같이 설명합니다.

"삶은 원환圓環이 되어 빙글빙글 돌아간다. **이는 행복하고
즐거운 경험도, 떠올리기 싫은 실패의 경험도 인연으로 한데
엮여 끝없이 돌고 돌기 때문이다.**"

필연성은 없고 우연성이 지배하는 세상. 차이와 반복의 끝없는 연속.

니체의 말을 듣고 '인생은 결국 희비가 마구잡이로 엇갈리는 삶이구나' 하며 절망하는 이도 있을 테고, '불행만큼은 두 번 다시 내 앞에 얼씬거리지 말라'고 방어적인 자세를 취하는 이도 있을 테지요.

하지만 어느 날 우리가 고백도 못 해보고 지레 포기했던 상대와 연애를 하게 된다든지, 생각지도 못한 업무 성과를 거두게 되었다고 가정합시다. '이런 행복이 줄줄이 일어났으면 좋겠다. 또다시 내게 오라!' 마음속으로 외칠 겁니다. 그러나 행과 불행이 인과관계로 얽혀 돌아간다는 니체의 말을 떠올려보세요. **지금 그 외침은 거듭될 불행에 대해서도 '별수 없군. 또다시 내게 오라!'는 말과 다를 바 없습니다.**

이것이 바로 니체가 주장한 **영원 회귀** 사상입니다. 불행한 경험이 없으면 행복한 추억도 생겨나지 않는 법이지요. 양쪽이 공존하는 덕분에 인생은 괴로우면서도 즐겁습니다. **롤러코스터를 타듯 희망과 절망 사이를 거듭 오가는 가운데 인생을 사랑하고 기꺼이 즐길 수 있습니다.** 이같은 인생의

프리드리히 니체

원리를 이해하고 받아들인 사람은 현재에 충실할 수 있으며, 순간을 영원처럼 살 수도 있겠죠.

이처럼 니체는 희비와 부침이 반복되는 인생을 아무 조건 없이 긍정하고 껴안는 '운명애運命愛'를 강조했습니다. 그리고 묻습니다. **"부조리하기 짝이 없는 끔찍하고 비참한 운명이라도 기꺼이 사랑할 수 있는가?"** 이 질문은 니체 자신이 최종적으로 도달하고자 했던 '초인'의 조건[2]이기도 합니다.

사랑할 수 있다고 니체는 말합니다. 불행한 경험이 행복한 경험보다도 더욱 값진 자산이 될 수 있다면서요.

실연이나 실업, 사람에게 배신당한 경험, 손쓸 도리가 없었던 재해와 사고, 술김에 저지른 실수, 사업하다가 낭패 본 경험. 그런 경험의 한복판을 가로지르는 동안은 무척이나 괴롭습니다. 젊은 혈기로 저지른 무모한 도전을 생각하면 부끄럽기만 하고 두고두고 자책하게 됩니다.

하지만 쓰라린 경험들을 어떻게든 뛰어넘어 극복하게 된다면 이야기는 달라집니다. 나중에 돌아봤을 때 분명 그 경험 덕분에 내가 이만큼 분발할 수 있었다고 확신할 때가

올 테니 말입니다. 과거의 쓰라린 기억은 분발을 촉구하는 마중물입니다. 그때그때 위기를 간신히 모면했던 다행스러운 경험보다 훨씬 우리의 삶을 풍요롭게 만들어줄 것입니다.

고통을 향해 외쳐라.
지나가라, 그러나 또다시 내게 오라!

— 프리드리히 니체

고민 해결! Friedrich Nietzsche

알아두면 쓸데 있는 철학 스토리

① 니체는 병약했던 신체적 조건을 외려 발판 삼아 자신의
철학 지평을 넓힌 사람입니다. 그는 약자가 가진 강자에 대한
원한인 르상티망^{Resentiment}을 신랄하게 비판하면서 '강자'의
이미지를 설명했습니다. 강자 또는 초인은 파시스트를
연상시키는 마초적인 이미지와 거리가 멉니다(니체가 썼던
'금발의 야수'라는 표현을 하이데거와 몇몇 사람들이 오해하면서
파시즘에 악용된 것입니다). 오히려 니체는 취약하나
망각이라는 최선책으로 대응하는 자, 아무리 실패해도 다
잊고 앞으로 나아가는 자, 패배할지라도 그것이 괴로운
기억으로 남거나 상처로 남아 곪지 않는 자를 진정한
강자라고 말하며 약함을 철학적 개념으로 승화시켰습니다.

　니체는 떼거리로 모여 강력한 힘을 발휘하는 약자
무리(가축 떼)로부터 강자를 지켜낼 필요가 있다고 말합니다.
약자는 홉스적이고 경계심이 강하며 처세에도 능한 반면,
르상티망이 없는 강자는 방어력이 취약합니다. 세계를
종횡무진 정복하며 고대 로마 제국을 발전시켰던 카이사르가
전형적인 강자에 해당합니다. 카이사르는 호위병을 물린

자존감

채 길을 걷다가 정부의 아들들에게 암살당했습니다. 약자와
달리 강자는 르상티망이 없는 탓에 대체로 둔감합니다.

② 니체가 말하는 초인(위버멘쉬übermensch)이란 초월적
존재가 인생의 의미를 결정해주지 않는 일명 '신이 죽은'
현대 사회에서 그저 기쁨과 슬픔이 끊임없이 반복되는
무의미한 인생, 즉 영원 회귀와 니힐리즘을 긍정하고 꿋꿋이
살아가는 사람입니다.

■ 철학 × 책

《차라투스트라는 이렇게 말했다》, 1885

니체의 사상이 가장 집약된 대표적인 저서로 "신은 죽었다"라는 유명
한 선언과 함께 서구 사상에 깊이 뿌리내려온 초월적이고 종교적인
가치들의 몰락을 선언한다. 철학적이면서도 문학적 형식을 취하고 있
는 이 이야기는 산속에서 짐승들과 벗하며 은둔 생활을 하던 차라투
스트라(조로아스터의 독일 이름)가 인간들에게 지혜를 베풀고 나누어
주기 위해 산을 내려올 결심을 하게 되면서 시작된다. '초인', '영원 회
귀'와 같은 니체 철학의 핵심 개념들이 문학적 상징과 잠언의 형식으
로 펼쳐진다.

프리드리히 니체

"몰입할 수 있는 과제를 찾아 흠뻑 빠져라"

직장 생활 5년차에 연애부터 결혼까지 하고 상사에게
인정도 받으면서 잘나가는 동기들을 보고 있으면 자꾸만
제 자신이 작아지는 것 같아요. 아직도 자취생 신세에
결혼은커녕 사귀는 사람조차 없으니.
저만 낙오하고 있는 걸까요?

미하이 칙센트미하이의 고민 상담

미하이 칙센트미하이 Mihaly Csikszentmihalyi · 1934~

헝가리의 심리학자. 시카고 대학교에서 40년 넘게 심리학, 교육학과 교수를 역임하고, 현재 클레어몬트 대학교 피터 드러커 경영대학원 심리학과 교수이자 삶의 질 연구소 소장으로 재직 중이다. '긍정의 심리학' 분야의 선구적 학자라는 평가를 받고 있으며 심리학과 경영학, 교육학에서 가장 널리 인용되는 심리학자이기도 하다. '행복한 삶이란 어떤 것일까'라는 문제의식에서 출발해 창조성과 행복의 관계에 대해 지속적으로 연구해왔다. 과제의 난이도와 행위자의 기량이 알맞게 균형을 이룬 상태에서 찾아오는 황홀한 상태를 '몰입Flow'이라는 개념으로 정리하고 제창했다.

누군가를 처음 만나면 으레 명함을 주고받으며 자기소개를
합니다. 상대방의 명함에 찍힌 회사 이름을 확인하고 내가
낫다고 느끼거나 반대로 남보다 못하다고 생각한 적은
없나요? 혹은 무의식중에 자신의 연인과 배우자를 다른
사람과 비교한 적은 없나요?

일반적으로 '내가 아래, 상대가 위'라고 여기며 열등감을
느끼는 것을 콤플렉스라고 이야기하는데요. 이와 같은
콤플렉스를 콕 집어 열등 콤플렉스라고 합니다.[1]

여기서는 반대의 경우에 주목하고자 합니다. 상대방에게
우월감을 느끼는 것 역시 콤플렉스의 일종인데, 이를 우월
콤플렉스라고 합니다. **우월 콤플렉스와 열등 콤플렉스는
동전의 양면**과도 같습니다. 우월감을 안고 있는 쪽도
열등감을 안고 있는 쪽도 현재 상태에 등급을 매기며 타인과
끊임없이 비교합니다. 어느 회사에 입사했는지, 어느 대학을
나왔는지, 결혼은 했는지, 돈이 많은지, 외모는 출중한지
견주면서 자기가 남보다 뛰어나다거나 처지가 좋다는 근거를
찾고, 반대로 자기가 남보다 얼마나 뒤처졌는지 확인하거나
처지를 비관하기도 합니다. **양쪽 모두 우열을 따지는
콤플렉스(열등의식)에 빠져 있는 것입니다.**

미하이 칙센트미하이

인간은 자기 자신이 중요하고 유능한 존재라고 느끼기를 바라는 생명체입니다. 그 자체로는 건전한 생각이지만 대학이나 회사 또는 배우자 등의 상태를 타인과 비교하며 우위·열위의 형태로 자신의 유능함을 확인하려는 순간, 비뚤게 엇나가는 것이죠.

전후 일본을 대표하는 지식인이자 정치학자 마루야마 마사오[2]는 자신의 저서 《일본의 사상》에서 사회 본연의 모습을 **'이다'를 중시하는 사회와 '하다'를 중시하는 사회**로 제시했습니다.

예컨대 일반 대기업처럼 종신 고용과 연공서열을 보장하는 조직(최근 이런 관례가 무너지고 있는 추세에다가 기업 내 급여 격차가 점차 벌어지고 있지만)은 정사원이냐, 중역이냐 등과 같이 지위가 중시되는 '이다'형 사회입니다.

반대로 신생 기업처럼 경력이나 이력을 불문하고 실적에 따라 급여와 승진을 결정하는 조직은 얼마만큼 업무를 능숙하게 수행하는가를 중시하는 '하다'형 사회입니다.

사회에서 개인으로 단위를 좁혀 적용해도 마찬가지입니다. 그 사람 본연의 모습을 **'위치'로 판단**할 것인가, **'행동'**으로

평가할 것인가. 두 가지 방법이 있을 수 있겠지요.

　최근 사회 일각에서 실력과 능력을 중시하는 흐름이 생겨나고 있습니다. 스타트업 기업이 약진하고 야심 찬 경영인들이 등장하며 '하다'형 가치관이 점점 고개를 들고 있습니다. 하지만 대다수는 여전히 예전 신분제 사회에서 대물림된 사회 전통을 그대로 따르고 있는 실정입니다.

　실력을 중시하는 '하다'형 가치관이 영향력을 넓혀가는 가운데 '상태'를 중시하는 '이다'형 가치관 역시 여전히 사회에 깊게 뿌리내리고 있습니다.

　자신의 위치와 신분에 따라 사람들의 행동거지가 결정되는 사회에서는 '너는 평민이고, 나는 양반이다. 그러니 머리를 조아려 엎드려라' 같은 말이 유효했습니다. 명함을 교환할 때 우월감을 느끼는 쪽의 생각도 이와 다를 바 없습니다. '나는 어디 대학을 나오고 어느 회사에 다니니까 당신은 나보다 아래야'라는 식의 신분제 사회의 전통이 현대까지 면면히 이어져 내려온 것입니다.

　명함을 주고받으며 자신의 소속이나 상태를 타인의 것과

　　　　　　　　미하이 칙센트미하이

견주어 우월감을 느끼고 확인하려는 행태는 우리 사회의
악습이자 폐단입니다.

행동을 중시하는 사회에서는 그 사람의 현재 위치가
어떤지는 중요하지 않습니다. 과거 경력이나 소속도 중요한
문제가 아니지요. 타인과의 비교를 통해서 우월감을 느끼는
것이 아니라 **오로지 자기 능력을 최대한 발휘해 어려운
과제들을 하나씩 헤쳐나가며 성취감과 자신감을 맛보려
합니다.**
이를테면 순수하게 실력으로만 승부하는 장인의
세계에서는 남과 비교해 우월감과 열등감을 느끼는 것
자체가 무의미합니다. 의뢰받은 작품에 자신의 역량을
온전히 쏟아 부을 수 있느냐가 관건이죠.

몰입, 최적의 삶을 위한
가장 현실적인 방법

심리학자 칙센트미하이는 이런 상태를 **몰입 체험**이라고
말했습니다. '어떻게 해야 인생을 행복하게 만들 수 있을까?'

일평생 이 질문에 천착해왔던 칙센트미하이는 도전 과제와
능력 수준이 균형을 이루는 때에 비로소 사람은 살아 있다는
것을 실감하고 자기 자신을 긍정할 수 있다는 결론에
다다릅니다.

얼마 못 가 포기할 것이 뻔히 보이는 어려운 과제는
처음부터 위축되기 마련입니다. 반면에 익숙한 일은
상대적으로 능력을 덜 발휘하기 때문에 보람이 적을
가능성이 높습니다.

도전 과제와 능력 수준이 균형을 이루는 것은 이룰 수
없을지도 모르는 것과 반드시 이룰 수 있는 것 사이에 위치한
일입니다. 다시 말해 자기 능력으로 가까스로 해낼 수 있는
일을 말합니다.

칙센트미하이는 이런 작업에 몰두하는 상태를 몰입 상태
또는 최적 경험이라고 일컬었습니다. 이 상태에서 인간은
시간의 흐름을 잊고 몰두합니다. 능력을 자기 한계치까지
활용하기 때문에 다른 곳으로 관심을 쏟지 않습니다. 끝없이
침잠하여 잔잔한 고양감과 행복을 만끽하게 됩니다.[3]

몰입 체험을 하루하루 경험하다 보면 자기 능력을

미하이 칙센트미하이

자각하고 삶을 생생히 느낄 수 있습니다. 다만 오랫동안 이를 경험하지 못했기 때문에 과거에 획득한 위치로 남과 자신을 비교하는 쉽고 방만한 길을 택하는 것이죠.

업무든 연구든 평소 자기 능력과 과제 수준의 균형을 맞추며 몰입 체험을 경험한 사람은 **자기 존재를 긍정할 줄 알고 자신감도 넘칩니다. 현재 상태를 다른 사람과 비교할 마음도 없고, 그럴 필요도 없습니다.**[4]

> 집중하여 무언가에 몰두할 때는 자기 존재를 느낄 만한 주의력은 남아 있지 않다.

칙센트미하이는 위와 같이 말합니다. 몰입 체험을 하는 동안에는 타인의 존재는 물론 **자기 존재까지 잊어버리는 무아지경 내지는 황홀경**에 빠져들게 됩니다.

무의식중에 다른 사람과 나를 비교한다든가 다른 사람에 비해 한참 뒤떨어졌다는 생각이 들 때면 현재의 나를 잊는 몰입 체험으로 눈을 돌리는 것입니다. 능력껏 몰두할 수 있는 관심 과제를 찾고 그 기회를 적극적으로 살려보는 것은 어떨까요?[5]

역경을 무릅쓰고
의미 있는 가치를 추구하며
몸과 마음 안팎으로
능력을 최대한 발휘할 때
최고의 순간을 맞이할 수 있다.

— 미하이 칙센트미하이

고민 해결! *Mihaly Csikszentmihalyi*

알아두면 쓸데 있는 철학 스토리

① 아들러 이외에 프로이트와 융도 콤플렉스 개념을 거론했는데, 세 사람이 설명한 콤플렉스의 의미가 조금씩 다릅니다. 아들러는 '콤플렉스=열등감'으로 파악했으며, 인간 행동의 동기가 우월감 추구 내지는 열등감 극복에서 비롯된다고 말했습니다. 노력을 귀중한 가치로 떠받드는 사람일수록 아들러의 콤플렉스 해석을 익숙하게 받아들이죠. 열등감은 어마어마한 에너지를 뿜어냅니다. 성공을 거머쥔 대다수의 사람들이 열등감 덩어리였다고 해도 과언이 아닙니다. 콤플렉스는 행동력에 기름을 붓고 맹렬한 기세로 활활 타오르게 합니다.

일례로 일본의 대표적인 지식인이자 소설가인 미시마 유키오를 들 수 있습니다. 그는 유년시절부터 허약함에 대한 콤플렉스를 지니고 있었다는군요. 신체적 콤플렉스로 마음고생을 하던 청년은 아름다운 사찰 금각사를 불태우는 소설을 쓰면서 보디빌딩을 시작합니다. 당시 미시마는 《금각사 창작 노트》에 "인간 콤플렉스의 해방은 으레 범죄라는 최후를 맞이하고 만다"고 쓰기도 했습니다. 실제로 미시마 본인도 이와 무관하지 않은 죽음을 맞이했습니다.
이처럼 콤플렉스는 강력한 동기를 부여하는 반면 사람을
멋대로 휘둘러 파국으로 몰고 가기도 합니다.

② 마루야마 마사오는 태평양 전쟁 당시 전선에 복무하며
히로시마에서 피폭당한 자전적 경험을 바탕으로 일본이
패전한 이유를 분석하고 이를 본격적으로 논의하기
시작했습니다. 그저 앞만 보고 달려나갈 뿐 과거사에 대한
반성은 망각한 채 책임을 흐지부지 회피하는 무책임의
체계가 일본 사회의 실상임을 간파하며, '다코쓰보*
사회'라고 꼬집는 등 전후 일본 사회의 대표 지성으로서
후대에 막대한 영향을 끼쳤습니다.

③ 여러 철학자들이 칙센트미하이와 유사한 결론에
도달합니다. 아리스토텔레스는 인간은 "존재자에게 부여받은
고유한 능력인 탁월성(아레테^Arete)을 온전히 발휘할 때
행복을 느끼며, 행복이란 영혼이 그 탁월함에 꼭 들어맞는

---

* 다코쓰보(蛸壷): 문어나 낙지를 잡을 때 쓰는 항아리를 뜻한다. 개인이나 집단이 서로 연대하지
  않고 내부에 틀어박힌 사회를 각각의 항아리에 문어가 한 마리씩 들어가 웅크리고 있는 모습에
  빗댄 표현이다.

활동을 하는 것"이라고 했습니다. 또한 쇼펜하우어는
"인간이란 자신의 능력을 활용하는 것은 물론 어떤 형태로든
눈으로 성과를 확인하고 싶어 하는 존재"라고 말했습니다.

④ 영국의 철학자 버트런드 러셀이 쓴 《행복론》의 내용과도
맥락이 통합니다. "나는 서서히 나 자신과 나의 결점에 대해
관심을 거두기 시작했다. 나의 의식은 점차 세계의 상황과
(…) 외부 대상으로 옮아갔다." 나의 위치가 아닌, 흥미로운
대상에 관심을 쏟는 나의 행위로 시선을 돌려 행복을
느낀다는 구절입니다.

⑤ 최근 사회 분위기가 제법 바뀌기는 했지만 아직까지도
우리 사회에서 온전한 몰입을 경험하기란 쉬운 일이
아닙니다. 미시마 유키오는 자신의 에세이 〈노력에
대하여〉에서 이렇게 밝힙니다. "인간은 자신의 능력을 백
퍼센트 소진할 때 오히려 활기가 넘치는 신비한 성격을 띠고
있다." "사실상 노력은 고역이 아니다." "능력을 지닌 인간이
제 능력을 발휘하지 못하고 통제받을 때, 인간으로서 느낄
수 있는 가장 쓰디쓴 맛과 부자연스러운 고통을 맛보게
된다." "우리 사회는 노력에 도덕적 우위를 두어 능력 있는

인간의 행보를 고의적으로 저지하려는 성향이 짙은데 이런
사회 특유의 고문 방식에 대해 별로 언급하려 들지 않는다."
그렇습니다. 미시마가 언급한 우리 사회에서 도전 과제와
능력 수준이 균형을 이루는 경험, 즉 몰입 체험을 만끽하는
업무 환경을 어떻게 조성해나가야 할지 고민해야 하는
시점입니다.

■ 철학 × 책

《몰입 Flow》, 1990

칙센트미하이는 인간이 가장 행복감을 느끼고, 자기 운명의 주인이
바로 자신임을 강력하게 자각하는 최적의 경험을 일컬어 '플로우flow'
라 명명했다. '과학적 행복론'이라 부를 만한 이 책을 통해 그는 자기
가 하고 있는 업무를 플로우를 만들어내는 활동으로 전환할 수 있는
지 또는 부모, 배우자, 자식, 친구와의 관계에서 플로우를 느낄 수 있
도록 관계를 전환할 수 있는지 등을 짚어본다.

"타인의 욕망을
욕망하지 않는 법"

'난 이만큼 멋지고 여유로운 생활을 누리고 있어.' '내
실력 어때? 이거 내가 만든 거야.' 마음속에 이런 말을
담아서 SNS에 사진을 올리곤 해요. 그런데 '좋아요' 수에
따라서 그날의 제 기분도 오르락내리락하는 게 족쇄처럼
느껴질 때가 있어요.

자크 라캉의 고민 상담

자크 라캉 Jacques Lacan · 1901~1981

20세기 프랑스 출신 철학자이자 정신의학자. 프로이트의 영향을 받아 정신 분석학 이론을 구조주의 관점으로 재해석해 발전시켰다. 파리 의과 대학에서 의학과 정신병 치료학을 연구했으며, 1932년《편집증적 정신병과 인성의 관계》라는 논문을 발표하고 박사 학위를 받았다. 그 후 파리정신분석학회SPP 회원이 되는 한편, 1936년에 열린 국제정신분석학회IPA에서 거울 단계에 대한 논문을 발표하며 독창적인 연구를 펼쳐나갔다. 2차 세계 대전 이후 전통적인 정신 분석학을 고수하던 파리정신분석학회를 탈퇴하고 새로운 학풍을 지닌 프랑스정신분석학회SFP에 가입해 26년 동안 공개 세미나를 개최하며 자신의 이론을 발표했다. 들뢰즈, 푸코, 데리다로 대표되는 후기 구조주의에 막대한 사상적 영향을 끼쳤다.

미국의 심리학자 에이브러햄 매슬로는 '욕구 5단계설'을 주장하며 인간의 욕구를 피라미드 구조로 설명했습니다. 피라미드의 맨 아래층에는 성욕·식욕·수면욕과 같은 생리적 욕구가 토대를 이루고, 위층에 안전·소속·애정에 대한 욕구가, 그 위층에 **인정 욕구**가 자리 잡고 있습니다.

오늘날은 생리적 욕구와 안전 욕구를 쉽사리 채우고 이를 당연하게 여기는 시대입니다. 지금 시점에서 문제가 되는 것이 바로 인정 욕구이지요.

요즘 들어 이 괴물의 몸집이 유독 커졌다는 생각이 들지 않나요?[1]

인정 투쟁의 장이 되어버린 소셜 미디어

괴물의 몸집이 불어난 배경으로 성숙기에 접어든 인터넷 사회를 꼽을 수 있습니다.

인터넷 사회에서는 누구나 자기 생각을 자유로이 개진할 수 있습니다. 반면, 게시물에 대한 반응 하나하나에 일희일비하듯 인정을 얻고자 하는 욕망이 과도하게 자극되어

걷잡을 수 없는 지경에 이르기도 합니다.

"봐봐, 난 지금 이만큼 멋진 생활을 누리고 있어."

"어때, 내 생각 재치 있지. 인정해줘."

소셜 미디어는 이러한 욕망을 최대한 자극하도록 설계된 장치입니다. 즉각적으로 오고 가는 인스턴트 응답 방식으로 게임의 승자와 패자를 단박에 가릅니다.

소셜 미디어 세상에서는 인정받고 싶다는 욕망이 일시적으로 충족되더라도 **금세 결핍에 시달리는 악순환에 빠져들기 쉽습니다.** 인정 욕망을 건전하게 충족시킬 만한 공간으로는 적합하지 않죠.

이 대목에서 프랑스의 정신 분석학자 자크 라캉이 등장합니다.

라캉은 인간의 인정 욕망이 환상에 기대고 있음을 밝히고 이는 아무리 노력해도 충분히 채울 수 없음을 꼬집으며 인터넷 시대에 꼭 들어맞는 정신 분석 이론을 제시한 철학자입니다.

라캉은 프로이트가 발견한 무의식을 더욱 깊이 파고들어 연구했습니다. 타자라는 현실 속의 개인은 소타자이며, 그와 별개로 무의식 영역에 대타자가 존재한다고 생각했습니다.

그런 연유로 라캉은 인간의 인정 욕망이 **소타자뿐 아니라 대타자 모두에게 인정받아야 충족될 수 있는 것**이라 보았습니다.

소타자 개념은 간단히 말해 현실에 존재하는 개인입니다. 나와 같은 시간을 살아가며 현실에 존재하는 개인들을 일컫습니다. 인터넷상으로 치자면 즉각적으로 반응해주는 친구들이나 소셜 미디어에서 '좋아요'를 눌러주는 이웃들이죠.

그에 반해 대타자는 추상적인 개념입니다. 즉 **추상적이고 거대한 타자이자 절대자**를 가리킵니다.

실제로 존재하지는 않으나 자기도 모르게 그 존재를 의식하게 되는 거대한 권위라고 할 수 있습니다.[2]

한밤중 인적도 차량도 보이지 않는 교차로에서 무심결에 신호를 지키는 행위도 우리에게 미치는 대타자의 영향력이 나타난 사례입니다.

이슬람 급진주의자들이 무고한 사람들을 학살하면서 대의명분으로 내세우는 이슬람 원리주의 역시 대타자의 일례라 할 수 있습니다.

100년 후에도 길이길이 역사에 남고 싶다든지 장차 역사교과서의 한 페이지를 장식하고 싶다는 고상한 인정 욕망도 '상상된 후손들'이라는 대타자가 발동한 결과입니다.

이처럼 사람은 **대타자에게 인정받지 않고서는 진정으로 욕망을 채울 수 없다**고 라캉은 말했습니다.[3]

인터넷의 인스턴트 응답 방식은 어떨까요? 이를테면 게시물을 올리고서 하루 만에 엄청난 수의 '좋아요'를 받아도 이런 소타자의 인정은 일주일이 지나면 애초에 없었던 상태나 마찬가지라는 것이죠.[4]

이와 달리 '100년 후에 낯선 이가 나의 작품을 보며 감동한다' 같은 한 층 더 높은 차원의 욕망을 충족시키는 것이 바로 대타자의 인정입니다.

현재 일본 미술사에서 가장 각광받고 있는 화가 이토 자쿠추. 2016년 일본에서 열린 그의 전시회가 관람객 행렬로 문전성시를 이룬 바 있습니다. 이토 자쿠추는 에도 시대 중기 사람으로 그의 고고한 화풍은 당대에 높게 평가받지 못했습니다. 하지만 그는 아랑곳하지 않고 심혈을 기울여 그림 작업에 몰두했습니다. 대표작 〈동식물채색화〉를 쇼코쿠지相国寺에 봉납할 때 "**감식안**

지닌 자 천 년 기다리나니(자기 그림의 가치를 알아볼 사람을 천 년 동안 기다린다)"라는 말을 남겼다고 합니다.[5] 정작 이토 자쿠추가 죽고 나서 빛을 보기까지 걸린 시간은 200여 년에 불과했지만 말입니다.

이토 자쿠추는 긴긴 세월 동안 의연한 자세를 견지하며 누구 하나 거들떠보지 않는 작업을 위해 고군분투했습니다. 자쿠추가 그랬듯 누구도 관심 갖지 않은 프로젝트를 위해 오랜 기간 홀로 애쓰면서도 결국에는 좋은 결과를 만들어내는 것. 이 과정에서 새롭게 만들어낸 가치만이 대타자의 인정을 받을 수 있으며 스스로 역시 내면 깊이 만족할 수 있습니다. 겉치레에 불과한 상호 인정을 뛰어넘어 지속 가능한 가치를 추구하지 않는다면 타인에게 인정받거나 존경받을 수 없습니다.

자신이 가진 에너지를 불사르고 자기에게 벅차다 싶을 정도로 힘든 작업에 뛰어들려면 안이하고 일시적인 인정 게임에서 거리를 두어야 합니다. 툭하면 연결 고리가 양산되는 인터넷 환경에서 벗어나 유구한 역사 속으로 눈을 돌리고 인류의 고전들에 기꺼이 파묻혀 지내려는 소박한

자크라캉

행동들이 요구됩니다.

들인 수고에 비해 돌아오는 성과가 적어도 괜찮습니다. 남들 눈에는 괴짜처럼 비칠지도 모르죠. 하지만 몰두하는 본인에게는 이 고독하고 소박한 행동이 시간 가는 줄도 모를 만큼 즐겁습니다. 일례로 철학자 스피노자는 현대의 성서라고 불리는 《에디카》를 살아생전 발표하지 않고 부지런히 저술하여 후대에 남겼습니다. 그는 "돈과 성욕과 허영에 눈이 가지 않을 만큼 즐겁기 그지없는 작업을 발견했다"고 말했습니다.

스피노자 같은 사람이 무언가에 몰두하는 이유를 라캉의 선배 철학자인 헤겔은 장대하고 지난한 과업을 진행하는 동안 라캉의 대타자와 동일한 효력을 지닌 '사물 자체'가 그의 내면에 자리 잡는다고 설명합니다.

이 말은 무엇을 의미할까요?

사물 자체란 몰두 중인 과업 그 자체나 작업이 도달하려는 바람직한 모습 내지는 이상적인 상태를 뜻합니다.

당사자가 머릿속에 떠올린 이미지, 그 이미지에 부합하게끔 자신의 과업을 일체화시키겠다는 생각이 견인차 역할을 하면서 사람은 자신의 일에 전념할 수 있는 것입니다.

도무지 갈피가 서지 않고 사람들에게 인정을 받을지
여부를 알 수 없는 일이라 할지라도 자신의 능력이 허용하는
수준부터 시작해나갑니다. 자기 내면에 자리 잡은
'대타자 = 사물 자체'를 지향하며 몰두하는 것이죠.
시행착오를 거듭한 끝에 멋지게 완성할 때, 대타자는 물론
현실 속 개인 소타자의 인정도 두말없이 뒤따라올 것입니다.

　　　인정받고자 하는 욕망은
　　　나의 것이 아닌
　　　타인의 욕망일 뿐이다.

　　　— 자크 라캉

고민 해결!

　　　　　　　　자크 라캉

알아두면 쓸데 있는 철학 스토리

① 슬로베니아 출신 철학자 슬라보예 지젝은 대타자적 욕망을 설명하기 위해 다음과 같은 우스갯소리를 예로 들었습니다. 한 남성이 무척이나 아리따운 유명 여배우와 단둘이 무인도에 남게 되었습니다. 두 사람이 잠자리를 함께한 뒤에도 남성은 만족하지 못했습니다. 결국 남자는 여배우의 얼굴에 사인펜으로 수염을 그려 그의 친구 역할을 하도록 요청한 뒤, 친구로 분한 '그'에게 여배우와 잠자리를 했다고 자랑하는 역할극을 하고 나서야 비로소 만족했지요. 지젝은 "섹스는 항시 노출광의 면모를 은근히 드러내며 타자의 시선에 의존하고 있다"고 말했습니다.

② 문화 인류학자 클리포드 기어츠는 인도네시아 발리섬의 투계(닭싸움)를 현지에서 취재한 문화 기술지《딥 플레이》에서 투계에 열광하는 남자들이 도박을 할 때 자신의 감정을 싸우는 닭에게 이입해 동일시할 뿐 아니라 도박의 논리만으로 파악할 수 없는 심오한 영역에 가닿는다고 밝혔습니다. 그들이 닭들이 싸우는 세상, 이 세계를 지배하고

자존감

있는 보이지 않는 거대한 존재를 느끼고 그 존재와 자신을
일체화시킨다는 사실을 지적하면서 말이죠. "승부의 향방은
신만이 알고 있다"의 '신'이 바로 대타자에 해당합니다.
대타자를 생생하게 느낄 수 있는 실제 사례입니다.

③ 라캉은 인간의 욕망이 대타자에게 인지된다고
말했습니다. 정확히 말하자면 사람은 타인의 욕망 속에 있는
대타자, 즉 나와 타인을 넘어선 거대한 존재의 시선으로
자신을 바라보고 대타자의 욕망에 맞추려고 합니다.
　가령 자신이 어떤 일에 품은 의도를 완벽하게 읽어내고
알아주는 현실 속 타인이 나타났을 때 비로소 사람은 충족될
수 있다는 뜻입니다. 이런 상황이 실현되기란 결코 쉽지만은
않겠네요.

④ 라캉의 이론과 궤를 같이한 사상가이자, 미국 스탠퍼드
대학교의 인류학자이기도 한 르네 지라르는 "인간의 욕망은
타자의 욕망을 모방한다"고 말했습니다. 지라르의 영향을
받은 이로 기업가이자 페이스북의 초기 투자자로 알려진
피터 틸의 이야기를 해볼 수 있습니다.
　피터 틸은 "사람은 인정을 갈구하며 타인과 같은 공간에서

경쟁을 벌이다가 정작 중요한 진실을 눈앞에서 놓친다"는
지라르의 이론에서 '누구나 A라고 믿는다 해도 진실은
B다', 즉 '역투자contrarian'를 도출해 자신의 행동 지침으로
삼았습니다. 그는 소셜 미디어에 일희일비하는 재능 있는
사람들을 두고 이렇게 말합니다. "하늘을 나는 자동차를 갖고
싶었으나 얻은 것은 140글자뿐."

⑤ 헤로도토스와 쌍벽을 이루는 고대 그리스 역사가
투키디데스도 자신의 저작을 두고 비슷한 말을 남겼습니다.
투키디데스가 저술한《펠로폰네소스 전쟁사》는
간접적으로나마 소크라테스 사형 판결에 영향을 미친
펠로폰네소스 전쟁의 발발 과정을 담은 역사서입니다.
투키디데스는 선언합니다. "내 기록은 전설적 요소가
배제되어 있기에 독자들이 재미를 덜 느낄지도 모른다.
그럼에도 앞으로 머잖아 전개될 역사도 (…) 비슷한 과정을
밟으리라 생각한 사람들이 과거의 진상을 돌이켜보며
되짚으려 할 적에 내가 써내려간 역사의 가치를
인정해준다면 그걸로 족하다. 동시대 독자들의 비위를
맞추며 빛을 보려 함이 아니라 마땅히 역사에 길이 남을
유산이 되고자 저술하였다." 그의 저작은 2400여 년이

자존감

흐른 지금까지도 후대 사람들이 읽는 인류의 고전으로 남았습니다. 당대 사람들(소타자)만을 상정하지 않고, 그 결과 후세에 이름을 널리 전하며 대타자에게 인정받은 것이지요.

■ 철학 × 책

《삐딱하게 보기》, 1991

'자본주의에 가장 비판적이면서 동시에 자본주의에서 가장 인기 있는 철학자'라는 모순된 명성을 가진 슬라보예 지젝이 대중문화를 분석하며 써내려간 라캉 해설서이다(그러나 한편으론 '라캉을 통한 대중문화의 이해'로도 볼 수 있을 것이다). 지젝은 이 책에서 탐정 소설, SF 소설, 히치콕의 영화 등 대중문화의 여러 텍스트들을 예로 들며 우리를 라캉의 정신 분석 세계로 이끈다. 그리고 마지막 장 〈환상, 관료주의, 민주주의〉에 이르러 이와 같은 라캉의 이론이 어떻게 현실과 조우할 수 있으며 정치 사회적인 세계에 적용될 수 있는지를 보여준다.

"나를 존엄하게 만들어줄 욕망의 목소리"

제 주변엔 어쩜 그렇게 다이어트에 성공한 사례만 넘쳐나는 걸까요? 헬스장에 눈먼 돈 기부하는 것도 이젠 그만하고 싶고, 야식을 먹지 않겠노라 다짐한 날 밤 11시에 배달 어플을 뒤지고 있는 손가락도 너무 밉게만 보여요.

존 스튜어트 밀의 고민 상담

존 스튜어트 밀 John StuartMill · 1806~1873

19세기 영국의 대표적인 철학자이자 경제학자, 정치가. 공리주의 철학자 제임스 밀의
장남으로 태어났다. 세 살 때 그리스어를 배웠고 여덟 살 때 라틴어를 배웠으며 열세
살 때는 경제학을 공부할 정도로 아버지에게 혹독한 영재 교육을 받았다. 1823년 열
일곱의 나이로 영국 동인도 회사 수석 조사관으로 일하며 연구와 저술 활동을 병행했
다. 제레미 벤담의 '양적 공리주의' 이론을 비판적으로 계승해 '질적 공리주의'를 주장
했다. 밀은 쾌락의 질적 차이를 주장했을 뿐만 아니라 인간은 누구나 질적으로 높고
고상한 쾌락을 추구할 수 있다고 보았다. 애덤 스미스의 《국부론》의 한계를 지적하며
오늘날 고전 경제학의 완결판이라 평가받는 《정치경제학 원리》, 자유주의 정치 철학
의 발전에 크게 기여한 《자유론》, 여성 평등과 여성 해방을 주장한 《여성의 종속》 등
의 저작들을 남겼다.

공리주의는 산업 혁명기 영국에서 대두한 철학입니다. **행복의 양이 늘어나는 행동은 옳고, 고통의 양이 늘어나는 행동은 옳지 않다**고 보는 사상입니다. 옳고 그름이나 좋고 나쁨을 판단하기보다는 쾌락과 고통의 양을 중시하며 내면이나 과정보다는 결과에 중점을 두는 다소 계산적인 철학입니다.

산업 혁명으로 경제가 발전하면서 사람들은 풍요로운 생활을 누리게 되었습니다. 이런 시대상이 여실히 반영된 공리주의는 인간을 이성과 도덕이 아닌 쾌락과 고통에 의해 살아가는 존재로 파악합니다. 밑바닥부터 인간의 본성을 노골적으로 재단하는 사고방식을 택하고 있죠.

욕망을 불쏘시개 삼는 현대 사회의 우리에게 공리주의가 줄 수 있는 가르침은 무엇일까요?

○ 질적으로 높은 쾌락

공리주의의 기본 사고방식을 실마리 삼아 출발해봅시다. 공리주의 관점에서는 다이어트를 지속하지 않는 것, 다이어트를 팽개치는 것도 일종의 쾌락입니다.

존 스튜어트 밀

식욕을 억누르지 않고 달콤한 디저트나 야식을 마음껏 먹는 쾌락은 무척이나 강렬합니다.

살을 빼려고 굳게 마음먹어도 한밤중에 야식이 간절하게 생각납니다. 먹고 싶다는 강렬한 욕망은 다이어트 중이라는 이성의 작용과 야식은 살로 간다는 상식을 마음에서 무력화시킵니다. 그 정도로 강도가 높은 쾌락이기에 이기지 못하고 두 손 두 발 드는 것이죠.

공리주의 철학은 옳은 것과 좋은 것을 추구하는 전통적인 철학을 타파했습니다. 그리고 인간의 본모습에 밀착 접근해 쾌락의 힘을 주시했습니다. 공리주의 철학의 창시자 벤담이 내놓은 이론을 밀은 다음과 같이 발전시킵니다. **쾌락에서 '양'뿐만 아니라 '질'도 고려해야 하며, 사람은 두 가지 쾌락이 눈앞에 있을 때 질적으로 높은 쾌락을 추구한다**고 말이죠.

'질이 높은 쾌락과 낮은 쾌락' 양쪽 모두를 알고 느끼고 향유할 수 있는 사람이라면 의문의 여지없이 보다 고급 능력을 발휘하는 생활태(질 높은 쾌락)를 가차 없이 선택할 것이다. 동물적 쾌락이 충분히 보장된다고 해서 자신을 하찮은 동물로 격하시키는 데 동의하는 사람은

아마 찾아보기 어려울 것이다. —《공리주의》

이 말을 다이어트에 적용해볼까요? 식욕을 억누르지
못하고 배를 채우는 낮은 수준의 동물적인 쾌락보다
높은 수준의 쾌락이 있다는 사실을 알면 사람은 후자를
선택하리라는 것이 밀의 주장입니다. 눈앞의 달콤한
디저트나 야식을 참아내고 취할 수 있는 쾌락이 있다면
그것이 바로 **질 높은 쾌락**입니다. 식사량을 줄여 볼록 나온
배를 홀쭉하게 만들고 탄탄한 몸으로 가꿨다는 성취감
또는 자기와의 약속을 지켰다는 뿌듯함과 자신감도 이에
해당되겠죠.

나를 더 존엄하게 만들어줄
욕망의 목소리를 따라가면

어째서 밀은 **질 높은 쾌락을 아는 사람이 질 낮은 쾌락을
선택하지 않을 것**이라고 말했을까요?
사람은 이성이 아닌 쾌락에 의해 살아간다는 전제에
비추어, 질 높은 쾌락이 질 낮은 쾌락보다 강도가 세기

존 스튜어트 밀

때문일까요? 음식을 먹는 포만감보다 힘겨운 다이어트에
성공했다는 성취감이 강한 쾌락을 느끼게 해준다고
이야기한다면 논리상으로는 그럴듯하게 맞아떨어집니다.
하지만 실상은 어떻던가요? 늘씬한 자기 몸을 보며
뿌듯해하는 쾌락이 눈앞의 맛있는 음식을 외면할 만큼
강렬하다고 말할 수 있을까요? 밀은 이렇게 말합니다.

> 자신을 저급한 존재로 선뜻 격하시키지 못하는 이유라면
> 얼마든지 설명할 수 있다. (…) 존엄에 대한 감각이 가장
> 적당한 표현이다. 인간은 누구나 존엄에 대한 감각을
> 지니고 있으며, 이 감각은 고급 능력과 완벽까지는
> 아니더라도 일정 수준 비례한다. 이 감각이 뛰어난
> 사람들은 존엄과 충돌하는 대상을 욕구의 대상으로
> 삼지 않는다. 존엄에 대한 감각은 욕구와 충돌하는 사이
> 어느새 그 사람이 느끼는 행복의 본질을 이루고 있다.
> —《공리주의》

사람은 한번 질 높은 쾌락을 경험하면 질이 낮은 쾌락으로
돌아가려 하지 않습니다. 질 높은 쾌락을 아는 사람은 자신을
질 낮은 쾌락에 만족하는 저급한 존재로 격하시키려 하지

자존감

않습니다. 왜냐하면 **질 높은 쾌락을 알고 있다는 존엄, 즉 자부심이 있기 때문**이라고 밀은 말합니다.

그 자부심이 눈앞에 놓인 열량 높은 디저트와 기름진 음식을 참게 해줍니다. 눈앞의 욕망을 이겨내고 마침내 목표 지점에 우뚝 선 나. 그리고 그런 나에 대해 자부심을 느끼는 것. 이 감각이 눈앞의 유혹을 견딜 수 있는 버팀목이 되어줍니다. 밀은 이러한 자신의 견해를 다음의 명구로 설명합니다.

> 만족한 돼지보다는 불만족한 인간이 낫고, 만족한
> 바보가 되느니 불만족한 소크라테스가 되는 편이 낫다.
> 만일 그 돼지 혹은 바보가 이에 대해 반박한다면 이는
> 오로지 자기 입장에서 문제를 이해했기 때문이다.
> 상대편(불만족한 인간)은 양쪽 입장을 모두 이해한다.
> —《공리주의》

다이어트를 지속하려면 한 번이라도 감량에 성공한 경험이 필요합니다. 그 성공 경험이 질 낮은 쾌락을 견디고 다이어트를 지속하게끔 자부심을 북돋아줄 테니까요. 그러면 지금껏 단 한 번도 다이어트에 성공한 적이 없는

존 스튜어트 밀

사람은 어떻게 해야 할까요?

밀의 이론에 따라 눈앞의 유혹을 견디고 목표를 달성했던 다른 경험을 떠올리면 됩니다. **살면서 눈앞의 달콤한 유혹을 이겨냈던 순간들과 그때 느낀 자부심**을 떠올리며 오늘 밤 당신에게 들이닥칠 달콤한 유혹을 단호히 물리쳐보면 어떨까요?

인간이 가진
존엄에 대한 감각은
눈앞의 달콤한 유혹을
참아내게 한다.

― 존 스튜어트 밀

고민 해결! J. S. Mill

자존감

《자유론》, 1859

개인과 국가의 관계, 즉 개인의 자유가 어디까지 보장되고 국가의 간섭은 어디까지 미칠 수 있는지를 다루고 있다. 아내 해리엇 테일러와의 공동 저작이다. 밀은 자신의 자서전에서 《자유론》을 집필하게 된 동기를 "인간과 사회에 다양한 개성이 중요하다는 것, 그리고 인간의 본성이 무수히 상충하는 방향으로 확장될 완전한 자유가 주어져야 한다는 믿음"에서 비롯되었다고 밝힌다. 홉스와 로크, 벤담 등 자유주의 사조의 성찰들을 최대한 녹여낸 동시에 이전까지 막연한 찬양의 대상에 불과했던 자유라는 개념을 철학적 원리로 면밀히 분석하고, 사회·윤리학적 차원으로 끌어올려 구체화한 자유주의 사상의 고전이다.

《편집광만이 살아남는다》

난 지금 잘하고 있는 걸까? 그 사람이 방해하면
어떡하지? 마감 기한 내에 이 작업을 마칠 수 있을까?
동료들이 뒤에서 나를 흉보는 건 아닐까? 사귀는 사람이
다른 이성과 만나고 있지는 않을까?
이 정도면 불안이 아니라 병일까요?

토머스 홉스의 고민 상담

토머스 홉스 Thomas Hobbes · 1588~1679

17세기 영국의 정치 철학자. 성선설(연민)을 주장한 루소, 로크와 더불어 사회 계약설을 주장했다. 가난한 집안의 칠삭둥이였지만, 부유한 삼촌의 도움으로 고등 교육을 받았다. 열네 살의 나이에 옥스퍼드의 매그덜린 홀Magdalen Hall에서 5년간 공부하며 학사 학위를 받았다. 졸업과 동시에 캐번디시 가문의 가정 교사로 들어가게 되면서 그 집안의 후원을 받아 유럽 여행을 떠난다. 이 과정에서 프랜시스 베이컨과 교류할 기회를 가지기도, 르네 데카르트와 학문적 이견을 나누기도 했다. 절대 군주제를 옹호했으나 1640년 영국이 왕당파와 의회파로 나뉘어 첨예하게 대립하다 청교도 혁명으로까지 치닫게 되자 신변의 위협을 느끼고 프랑스로 망명했다. 이 망명 시기에 집필된 저서가 바로 홉스의 인간론, 정치론, 종교 철학 사상을 담아 근대 시민 사회의 토대를 마련한 명저 《리바이어던》이다.

현대인의 상당수가 어렴풋한 불안을 마음속에 품은 채 살아갑니다. 그리고 고민에서 벗어나 자유로워지기를 바라고 불안을 털어내고 싶어 합니다.

하지만 한 철학자가 인간이란 원래 불안을 품고 사는 존재라고 말했죠. 그가 바로 17세기 영국 태생의 철학자 토머스 홉스입니다. 그는 **인간의 감정을 이루는 가장 근본적인 요소가 공포와 불안**이라고 지적했습니다.

홉스의 말이 무엇을 의미하는지 차근차근 살펴봅시다.

○ 불안은 인간의 '자연 상태'

홉스에 따르면 인간은 그저 자기만의 평화와 행복을 추구하는 이기적인 존재입니다. 또한 행복을 쟁취하는 개개인의 능력에 격차란 존재하지 않으며 모든 인간은 동일한 조건 아래 놓인 평등한 존재라고 보았습니다.

그러다 보니 고만고만한 사람들끼리 엎치락뒤치락 승패를 가늠할 수 없는 상황이 펼쳐지게 됩니다.

사람들은 생명과 재산을 빼앗기거나 남보다 뒤처질세라 밤낮없이 전전긍긍합니다. 홉스는 이런 인간 본연의 모습을

자연 상태라고 일컬었습니다.

홉스가 살던 당시 영국에서는 청교도 혁명의 피바람이
한창 몰아치고 있었습니다. 주권은 오로지 왕에게
귀속된다는 왕당파와 주권을 시민들에게 넘겨야 한다는
의회파가 첨예하게 대립하던 시기였습니다. 홉스는 피로
피를 씻는 전쟁 상태를 목도하며 자연 상태라는 박진감
넘치는 인간관을 제시하게 됩니다.

폭력이 횡행하는 야만스러운 자연 상태에서는 설령 비범한
능력을 지닌 인간도 약한 인간들이 합세해 덤비면 속절없이
당하고 맙니다. 누가 언제 비명횡사할지 모르는 위험을
저마다 떠안고 있는 상황이죠. 상대를 속이고 따돌리는
행위가 미덕처럼 여겨지며 너나없이 서로를 적대시하고 나를
제외한 다른 인간들은 믿지 못합니다. 만인의 만인에 대한
투쟁 상태에서는 오직 나의 완력만을 의지해야 합니다.

죽는 날까지 공포가 끊이지 않는 가운데 사람들은 피
말리는 전쟁 상태에서 벗어나기를 희망합니다. 사람들은
시시각각 공포에 노출되는 상황에서는 도저히 살 수 없으니
서로 해치지 말자고 약속합니다. 홉스는 이러한 사람들의

자존감

이성적 타산이 전쟁 상태를 조정하는 계기로 작용한다고
보았습니다.

사람들이 탁월한 인간을 우두머리로 뽑아 주권자로
세우고, 그 주권자에게 모든 권한을 양도하며 복종하는
대신 안전을 보장받는 것. 그렇게 해서 서로를 적대시하는
전쟁 상태를 탈피하자는 것이 홉스가 주장한 사회 계약설의
골자입니다.[1]

'탁월한 우두머리'란 권위를 갖는 왕이 될 수도 있고,
사람들이 모여 다수결 방식으로 운영하는 합의체가 될
수도 있습니다. 그리고 공화정처럼 여러 사람들로 구성되어
국가라는 인격을 지닌 합의체를 홉스는 구약성경 〈욥기〉에
등장하는 괴물 리바이어던에 비유했습니다. 그의 저서
《리바이어던》에는 국민 한 사람 한 사람이 비늘처럼 몸통
전체를 뒤덮고 두 손에 검과 지팡이를 든 괴물이 등장합니다.
세속 권력과 종교 권력을 통합한 국가 주권의 이미지를
의인화해 보여주고 있는 것이지요.

홉스의 어머니는 에스파냐의 무적함대가 곧 습격한다는
소문을 듣고 공포에 질린 나머지 홉스를 조산했다고 합니다.
"일평생 나를 불태운 정열은 다름 아닌 공포였다"고 말할

만큼 그는 공포 하나로 야만적 전쟁 상태에서 근대적 국가 통치에 이르기까지 인류 사회의 발전 서사를 보란 듯이 엮어냈습니다. 그는 끝이 보이지 않는 피비린내 가득한 내전을 겪으며 전쟁이 종식되기를 진심으로 바랐습니다.

○ 걱정 많은 사람들이 잘되는 이유

오늘날 현대 사회는 국가와 법률에 의한 통치에서 점점 멀어지고 디지털 경제가 부상하는 시대를 맞이했습니다. 소셜 미디어를 통한 상호 감시가 용이해졌으며, 얼굴이 알려진 사람들을 먹잇감 삼아 악성 댓글을 달고 사회에서 매장시키는 일이 빈번하게 일어나고 있습니다. 500여 년 전 홉스가 말했던 자연 상태와 비슷한 그림이 그려지고 있습니다.

헝가리 출신 기업인 앤드루 그로브는 실리콘 밸리의 치열한 전쟁터를 몸소 겪으며 현대의 자연 상태에서 살아남는 생존 원칙에 대해 **"편집광만이 살아남는다"**라고 이야기한 바 있죠. 다분히 홉스적인 발언입니다.

성공했다고 우쭐대다가는 언제 미끄러질지 모르고, 무작정 앞으로 내달리기만 해서는 언제 넘어질지 모릅니다. 이런 상황을 미리 내다보는 사람의 자세는 어떨까요? 자세를 낮춰 적을 만들지 않으며 마음을 다잡고 끊임없이 사위를 살피며 점검합니다. 홉스의 자연 상태가 변함없이 이어지는 현대 사회에서 이와 같은 **'공포의 힘'은 오래도록 생존하기 위한 필수 조건**인 셈입니다.

따라서 인생을 경영하려는 사람은 머릿속을 가득 메운 불안감을 일종의 기본 상태로 겸허히 받아들이면 됩니다.[2] 인간이 품고 있는 걱정과 불안은 오히려 내일을 살아가는 힘으로 작용할 것입니다.[3]

> 일평생 나를 불태운 정열은
> 다름 아닌 '공포'였다.
>
> — 토머스 홉스

고민 해결!

토머스 홉스

알아두면 쓸데 있는 철학 스토리

① 사회 계약설을 주장했던 철학자 중에는 계몽사상가
장 자크 루소가 있습니다. 루소는 자연 상태를 홉스와는
정반대로 설명했습니다. 루소가 생각한 원시 자연 상태의
인간은 타인에 대한 연민과 동정을 마음속에 지니며 곤궁할
때는 음식을 나누고 서로 돕는 존재였습니다. 그러나 사유
재산제가 생겨나 "여기부터 여기까지는 나의 땅이다!"라고
선을 긋기 시작하면서 사람들이 돌변했고 토지와 세력권을
침탈해 전쟁 상태를 초래했다고 루소는 단언합니다. 자연
상태를 이상적으로 바라본 그는 "자연으로 돌아가라"고
외치며 직접 민주제를 주장했습니다. 직접 민주제는 훗날
프랑스 혁명을 뒷받침하는 사상적 기반이 되었습니다.

② 고대 그리스 철학자 에피쿠로스는 "짚으로 만든 침상
위에 누워 평온한 것이 황금으로 만든 침상과 호화로운
식탁을 소유하면서 평정을 잃는 것보다 훨씬 낫다"고
말합니다. 사회적으로 성공을 거둔 유명 인사들은
기삿거리로 다뤄지거나 누리꾼들의 공격을 받을까 봐

노심초사합니다. 그런 삶은 행복과는 거리가 멀지요.
유명세를 치르는 일이 쉬운 일만은 아닙니다.

③ 홉스는 당시로서는 드물게 91세까지 장수했습니다.
그는 목청 높여 노래 부르기를 장수하는 비결로 생각하면서
매일매일 실천했다고 합니다. 노랫소리에는 영 자신이
없었는지 소심하게 주위를 둘러보고 문을 꼭 닫은 채 노래를
불렀다는군요.

■ 철학 × 책

《리바이어던》, 1651

근대 국가를 사회 계약론이라는 토대 위에 새롭게 세우려는 홉스의
원대한 꿈이 담긴 저서이자, 중세적인 가치 기준인 신의 권력에서 벗
어나 근대 정치 철학의 장을 연 기념비적 저서. '국가의 본질은 무엇인
가?' '현대의 국가는 어떻게 만들어졌는가?' '개인주의가 보편화된 현
대 사회에서 국가는 어떠해야 하는가?' '자연권으로 표현되는 개인의
권리는 어디까지 용인될 수 있는가?' 같은 문제들의 해답과 그 방향성
을 제시하는 고전 중의 고전이다.

"살고 싶은 대로 살기에도 인생은 짧다"

제 관심사가 아닌데도 그럴듯해 보이는 전공을
선택하고, 하고 싶은 일이 아닌데도 회사 이름에
집착하고, 그 사람 자체가 아니라 그 사람과 함께 다니는
제가 어떻게 보일까를 더 신경 써요.
있는 그대로를 보면서 살고 싶어요.

미셸 푸코의 고민 상담

미셸 푸코 Michel Foucault · 1926~1984

1926년 프랑스 푸아티에에서 태어났다. 파리 고등사범학교에 입학해 루이 알튀세르, 조르주 캉길렘 등에게 지도받았다. 1951년 교수자격시험에 합격해 고등사범학교에서 강의를 시작한 뒤로 클레르몽-페랑 대학과 뱅센느 대학을 거쳐 1970년 프랑스 최고 교육 기관인 콜레주 드 프랑스에서 교수직을 역임하며 '사유 체계의 역사'라는 과목을 가르쳤다. 푸코는 우리 삶에 미세하게 퍼져 있는 권력을 들춰내어 새로운 저항 방식을 제시하는 것을 평생의 연구 목표로 삼았다. 《광기의 역사》, 《말과 사물》, 《감시와 처벌》 그리고 《성의 역사》 3부작 등을 통해 근대성과 합리성으로 대표되는 오늘날의 사회 권력을 분석하고 다양한 사회적 기구, 특히 정신 의학, 의학, 감옥의 체계에 대해 비판했다. 이성과 광기, 정상과 비정상의 경계를 허물고 새로운 방식의 사고를 이끌어낸 그의 사상은 비단 철학뿐만 아니라 역사학, 사회학, 정치학, 심리학, 문학 이론 등에 폭넓은 영향을 미쳤다.

우리는 언제부턴가 남의 눈을 의식하며 행동하고 살아가게 되었습니다. 주위에서 나를 어떻게 볼까. 타인의 시선과 평판을 의식한 나머지 자기답게 살지 못합니다. 세상의 잣대를 신경 쓰느라 진정으로 하고 싶은 일도 마음껏 하지 못합니다.

사람은 왜 남의 시선을 신경 쓰는 걸까요? 자신의 진실한 감정을 뒤로하고 왜 남을 의식하며 행동하는 걸까요?

이 고민에 접근하기 위해 미셸 푸코의 생애를 되밟으며 그의 사상을 살펴보도록 하겠습니다.

미셸 푸코는 타인의 시선이 인간의 본모습과 행동에 끼치는 영향을 역사적으로 분석한 현대 프랑스의 철학자입니다.

푸코는 성적이 우수한 학생이었지만 자신이 동성애자라는 사실 때문에 괴로워했습니다. 엘리트 의식으로 똘똘 뭉친 교우들과 어울리지 못했고 늘 숨 막히는 답답함을 느꼈죠. 그렇게 푸코는 불안정하고 고뇌로 가득 찬 학창 시절을 보냅니다.

바늘귀 통과하기보다 어렵다는 프랑스 최고 명문 학교 에콜 노르말 쉬페리외르에 입학하고 나서도 두 번이나 자살

시도를 했다가 미수에 그쳤습니다.

이렇듯 방황하던 푸코를 고통에서 건져준 사람이 있습니다. 푸코가 다니던 학교의 선생님이자 철학자였던 루이 알튀세르입니다. 알튀세르는 괴로워하는 제자 푸코를 위해 보건실에 개인 공간을 마련해주며 **병이 났다면 일을 하며 극복하라**고 말해줍니다. 이후 푸코는 알튀세르의 조언에 힘입어 몰두할 일을 찾게 됩니다.

대학에서 교편을 잡은 후 데뷔작《광기의 역사》를 내고, 이후 출간한《말과 사물》이 베스트셀러에 오르며 한 시대를 풍미하는 스타 철학자로 발돋움합니다. 이윽고 프랑스 학문의 전당이라 불리는 콜레주 드 프랑스의 교수를 역임하며 사르트르 이후 프랑스를 대표하는 지성인으로서 다방면에 걸쳐 수많은 업적을 남겼습니다.

푸코의 연구는 크게 세 시기로 나눌 수 있습니다.

초기에는《말과 사물》로 한 시대를 지배하는 인식 구조를 분석하고, 후기에는《성의 역사》3부작으로 자기自己의 생존 미학을 풀어냅니다. 두 시기 사이에는《감시와 처벌》과 《지식의 의지》로 개인을 감시하는 근대 권력의 구조를 주도면밀히 분석합니다.

근대 파놉티콘 시스템

푸코는 죄수들을 한꺼번에 일제히 감시하는 구조 **파놉티콘**panopticon시스템에 주목했고 파놉티콘을 근대 국가 권력의 전형적 구조로 파악했습니다. 위의 사진에서처럼 파놉티콘은 원형 감옥입니다. 중앙에 우뚝 솟은 감시탑을 중심으로 독방들이 둥글게 둘러섭니다.

중앙 감시탑 안에서 감시자는 독방의 수감자들을 둘러볼 수 있는 반면, 독방에 수감된 죄수들은 감시자의 존재를 확인하지 못하도록 설계되어 있습니다. 감시자가 부재한 상태에서도 '**감시당하고 있다**'는 의식이 죄수들을 옭아매고

미셸 푸코

그들의 행동을 압박합니다.

파놉티콘은 "사회 전체의 행복을 늘리려면 범죄자와 사회부적응자의 행복을 끌어올려야 한다"는 제레미 벤담의 공리주의적 발상에 기반해 구상한 건축 구조입니다.

그러나 푸코는 벤담의 파놉티콘을 근대 이후에 나타난 권력 형태의 특징으로 꼽으며 새로이 해석합니다. 또한 **'보이지 않는 타자'를 의식해 스스로 자기 행동을 속박하는 현대인의 실상을 파놉티콘이 여실히 드러낸다**고 일갈했습니다. 개인은 이러한 체계를 열심히 '내면화'하면서 점점 분할되고, 훈육되고, 규격화되어가는 것이지요.

○ 그럼에도 '나'를 드러낼 용기

사람은 타인의 시선을 의식하며 살아갑니다. 자기 행동이 튀거나 기준에 벗어나지 않았는지 끊임없이 검열하는 사람들. 이렇듯 푸코는 현대인의 자화상 속에 숨겨진 심리 구조를 명쾌하게 밝혀냈습니다.

특히 남들처럼 똑같이 행동하라는 암묵적 압력이 큰 사회일수록 이런 경향은 더더욱 두드러집니다. 말뚝이 튀어나왔다? 사정없이 내리칩니다. 튀는 행동을 한다?
곧바로 제동을 겁니다. 타인과 같아지도록 알아서 스스로를
감시하고 통제하게끔 강요합니다. 수업 시간에 선생님이
질문해도 손을 들지 않고, 규칙을 어기는 행동이 아닌데도
눈치를 보고 스스로 행동을 삼갑니다. 다수 의견에 맞추도록
요구하는 **동조 압력**peer pressure이 강력하게 작용하는
것이지요.

사람들로 하여금 스스로에게 굴레를 씌우도록 만드는 권력
장치를 비판적으로 분석한 푸코. 푸코는 《지식의 의지》를
발간하고 8년이 넘도록 침묵으로 일관합니다. 무엇이든지
권력으로 귀결되고 마는 현실에 허무감을 느낀 탓일까요?
권력을 거머쥔 특정 인물이 실재하지도 않는 데다 권력이란
마치 사람들 사이로 살피살피 침투하는 악마와도 같아서 그
영향권에서 쉽사리 벗어날 수 없다고 생각했습니다. 참고로
여기서 푸코가 말하는 권력이란 국가가 개인에게 행사하는
종류의 것이 아닌, 개별적인 일상생활과 인간관계에서
관철되는 권력을 의미합니다. 푸코는 이를 '미시 권력'
또는 '생체 권력'으로 명명했습니다. 아무래도 이 시기의
푸코는 이러지도 저러지도 못하는 진퇴양난의 지경에 빠진

미셸 푸코

듯합니다.

그러나 푸코는 후일 인생의 전환기를 맞이합니다. 그는
캘리포니아대학교 버클리 캠퍼스에 연사로 초빙되는데요.
그곳에서 미국 서해안의 환한 햇살을 만끽하며 게이
커뮤니티의 자유분방한 분위기를 체험합니다. 그때 **자기
자신을 다스리며 살아간다**는 기치 아래 스스로를 돌보고
절제하는 고대 그리스·로마인의 윤리를 접하게 됩니다.[1]
그리고 1984년에 에이즈로 죽음을 맞이하기까지 인간의
바람직한 생존 모습을 탐색하며 《성의 역사》 3부작을
남깁니다.

푸코는 말년에 **온 힘을 다해 게이가 되어야 한다**는 구호를
내겁니다. 여기서 '게이'란 성 정체성을 드러내는 표현이
아닙니다. 푸코는 당시 사회에서 억눌리고 용납되지 않았던
삶의 모습들을 게이로 총칭하여 제시하고, 현 사회의 기틀을
재정립해 이제껏 존재하지 않았던 타자와의 새로운 관계를
모색하고자 했습니다.

남의 시선이 신경 쓰인다는 고민에 대해 푸코의 철학은
다음과 같이 말해줍니다.

현재 세상을 지배하고 있는 상식 혹은 사회 분위기나 주위의 시선이 무엇을 기반으로 작동하는지 역사적으로 통찰하고 의심하라는 것입니다. 자신의 능력과 인간미를 발휘하려면 기존 상식의 틀을 벗어던질 용기가 필요하다고 푸코는 말합니다.[2]

　　전통적 관습과 상식에 얽매이기 쉬운 세상에 살다 보면 타인의 시선을 의식하게 되고, 의구심이 들어도 주변 상황과 적당히 타협하기 쉽습니다. **그럴 때일수록 스스로를 돌보며 당당히 자신의 참모습을 드러내려 노력해야 하지 않을까요?**

　　푸코가 세상을 떠난 지 30년이 흐른 지금, 그의 사상은 우리 사회에 다시 한번 새바람을 불러일으키고 있습니다.

온 힘을 다해 '게이'가 되어야 한다

— 미셸 푸코

고민 해결!

　　　　　　　미셸 푸코

알아두면 쓸데 있는 철학 스토리

① 푸코는 말년에 고대 그리스·로마인의 성性 윤리를 고찰했습니다. 고대 그리스·로마인에게 성애란 자기를 다스리고 스스로 쾌락을 절제하며 타인을 고귀하게 여긴다는 의사를 내비치는 일종의 게임이었습니다. 남의 시선을 의식하거나 법과 사회적 금기로 스스로를 저지하지도 않았습니다. 자신의 성욕을 자유롭게 발산하고 연애하는 상대방과 상호적이고 대칭적인 우애(능동태도 수동태도 아닌 중동태)를 나눴습니다. 선을 넘었다 싶으면 한 발짝 물러서며 자기만의 기준과 한도를 스스로 찾아나가는 생존의 미학이었습니다. 성적 쾌락을 탐하기보다 자기 자신을 추스르고 다스릴 때 비로소 안정적인 쾌락을 누릴 수 있다는 생生의 윤리였다고나 할까요.

② 이상하다 싶으면 이상하다고 말하고 살고 싶은 대로 살아가는 것. 푸코가 말년에 사유의 핵심 개념으로 삼았던 '파레시아parrhesia'와 일맥상통합니다. 파레시아란 감추지 않고 진실을 말하는 용기입니다. 이와 같은 파레시아의

자존감

원조로는 거침없이 돌직구를 날렸다가 노예로 팔릴 뻔한 플라톤과 그의 스승 소크라테스도 빼놓을 수 없겠죠.

■ 철학 × 책

《감시와 처벌》, 1975

"개인은 특별한 규율적 권력 기법이 생산한 실재"라는 전복적인 명제를 내걸어 사상계의 수많은 논란을 일으킨 푸코의 대표 저서. 《감시와 처벌》에서 푸코는 인류의 역사가 진보해왔고 인간의 자유가 확장되어왔다는 일견 상식적이고 주류적인 시각 이면에 내재한 새로운 종류의 억압과 통제에 주목한다. 좀 더 인도적인 처벌 방법으로써 고안된 근대의 감옥 제도가 사실은 처벌 효과를 증대시킨 응용 방법에 지나지 않으며, 그 결과 모든 사회에서 사람의 몸은 통제하고 금지하며 권면하는 권력, 즉 '규율' 앞에 노출될 수밖에 없는 메커니즘을 통찰한다. 그의 급진적인 주장만큼이나 책의 첫 대목에 등장하는 루이 15세 암살미수범 다미앵의 잔혹한 처형 장면 묘사가 유명하다.

미셸 푸코

○

방 안에 가만히 있으면 좋으련만
도저히 그럴 수가 없다.
그리하여 공연히 불행을 자초하고 만다.

— 블레즈 파스칼

Ⅲ. 관계

"나의 과제와 타자의 과제를 분리하라"

다른 사람한테는 잘해주면서 유난히 저한테만 냉랭한
사람을 경험한 적이 있어요. 그 후로 항상 남에게
무시당하는 건 아닌지, 내가 상대에게 뭔가 잘못하고
있는 건 아닌지, 이런저런 생각에 빠져요.
자신감이 점점 없어져요.

알프레드 아들러의 고민 상담

알프레드 아들러 Alfred Adler · 1870~1937

오스트리아의 유대인 집안에서 태어났으며 프로이트, 융과 어깨를 나란히 하며 '심리학의 3대 거장'으로 일컬어진다. 프로이트가 인간의 내적 요인을 '이드, 자아, 초자아'로 분리하고 인간을 이러한 부분들 간의 갈등에서 벗어날 수 없는 존재로 본 것과 달리, 아들러는 인간을 따로 나눌 수 없는 전체적인 존재로 파악했다. 그는 인간을 이해하는 단서로 '열등감'을 제시하고 '공동체 감각'을 주요 개념으로 내세우며 '개인 심리학'을 창시했다. 이는 현대 상담 및 심리 치료 이론에 막대한 영향을 주었다. 또한 데일 카네기, 스티븐 코비 등 자기계발의 멘토라 불리는 이들까지도 아들러의 심리 이론에 큰 영향을 받았다.

인간관계에 대한 고민은 대수롭지 않게 보여도 당사자에게는 천국과 지옥을 오갈 만큼 중대한 문제입니다. 고민을 덜어내고 인간을 깊이 이해하고자 할 때 철학과 같은 학문들을 살펴보면 유익한 해답을 구할 수 있습니다.

이 장에서는 프로이트, 융과 어깨를 나란히 하는 알프레드 아들러의 개인 심리학을 살펴보겠습니다.

아들러 심리학의 정수는 공동체 감각[1]과 **과제의 분리** 두 가지로 압축할 수 있습니다. 과제의 분리는 자기계발서의 고전이라 불리는 스티븐 코비의 《성공하는 사람들의 7가지 습관》에서도 거론된 바 있습니다. 직장과 학교에서 눈총을 받거나 소외당할 때, 특히 교내 집단 따돌림 문제에도 적용 가능한 이론입니다.

아들러 심리학은 '이것이 누구의 문제인가?'란 관점으로 문제에 접근합니다. 여기서부터 모든 생각을 전개해나갑니다.

예컨대 회사에서 부하 직원이 책상을 치우지 않아 상사와 갈등을 빚는 상황을 가정해봅니다. 책상 위를 치우는 것은 누구의 과제일까요? 너저분한 책상 위를 치우느냐 마느냐.

이는 부하 직원의 과제이지 상사에게 주어진 과제가 아닙니다. 신경에 거슬려도 상사로서는 별수 없습니다.

'책상 위를 치워라'와 같은 상사의 참견을 아들러 심리학에서는 타자의 과제에 간섭하는 행위라고 이야기합니다. 타자의 과제에 이래라저래라 훈수를 두면 결코 마찰을 피할 수 없습니다.

이처럼 인간관계에서 나타나는 온갖 문제들은 **타자의 과제에 간섭하거나 혹은 자기 과제가 타자한테 간섭당하는 데서 비롯된다**고 아들러 심리학은 설명합니다.

어디까지가 나의 과제이고 어디부터가 타자의 과제인지 냉철하게 분간하고 선을 명확히 그어야 합니다.

더 나아가 아들러는 "타자의 과제에 개입하지도 말고 자기 과제에 아무도 개입시키지 말라"면서 과제의 분리를 실천하는 만큼 대인 관계에 관한 고민이 개선될 것이라는 획기적인 시각을 내놓았습니다.

"어째서 나는 남한테 밉보이고 무시당하는 걸까."
이 고민을 '과제의 분리'로 풀어볼까요?

결론부터 말하자면 무시당하고 싶지 않다는 바람은

본인의 과제일지 모르나, 나를 무시하느냐 마느냐는 타자의
과제라는 것입니다.

누군가 나를 무시하지만 개입하거나 저지할 수 없는
상황이라면 '그래, 마음대로 해보시든지' 하고 타인의 과제와
나의 과제를 분리하면 그만입니다.

무시당하는 일 자체는 문제가 아닙니다. 무시당하는 일을
본인의 과제로 인식하고 **타인의 과제를 본인의 과제라고
착각하는 것이 문제입니다.** "타인의 과제를 제멋대로
짊어지려고 하니 괴로울 수밖에 없다"고 아들러는 말합니다.

무시하는 사람은 누군가를 무시해야만 직성이 풀리는
사람입니다. 우월 콤플렉스와 열등 콤플렉스 탓인지는 이
상황만으로는 분명히 파악할 수 없지만, 어쨌거나 그 사람의
과제라는 사실만은 분명합니다.

무시당하는 일을 본인의 과제로 내면화할 정도로
자신감이 부족하다면 그것이야말로 내가 해결해야 할 진짜
과제입니다. 자존감을 키우는 등 과제를 새로운 관점으로
바라보는 방법들을 강구해야 합니다. 오히려 자신감
부족이란 나의 진짜 과제를 일깨워주는 좋은 기회일지도
모릅니다. **무시하는 사람과 나는 전혀 무관한 존재이며 두**

알프레드 아들러

사람은 별개의 과제를 갖고 있는 셈입니다.

아들러는 "사람은 스스로 가치 있다고 느낄 때 대인관계 속으로 기꺼이 들어갈 용기를 낸다"고 말합니다. 그렇다면 바깥세상에서 무시당하는 일에 흔들리지 않을 만큼 자신의 내면을 튼튼하게 다져야 합니다.[2] 내면에 충실하면 과제를 분리할 수 있습니다.

과제를 분리할 수 있는 심리 상태라 함은 **가능성이 보인다면 노력하되, 가능성이 전혀 보이지 않는다면 과감히 내려놓을 수 있음**을 가리킵니다. 무시당할 당시에는 신경이 쓰이겠지요. 하지만 이런 마음가짐이라면 나중에 두고두고 곱씹는 일은 없을 겁니다.

그럼에도 불구하고 아무리 기를 써도 나의 과제와 타자의 과제 사이에 선을 긋지 못해 답답할 때가 있습니다.

가령 극심한 따돌림을 견디다 못해 '난 이 세상에 존재할 가치가 없다'는 생각에 빠져들 때, 그럴 때는 억지로 선을 그으려 하지 말고 나를 둘러싼 환경에서 단호히 빠져나와야 합니다.

"더 큰 공동체를 중심에 두고 생각하라"는 아들러의

말처럼 억지로 몸을 이끌고 학교나 회사에 나가기보다는
도서관 같은 나만의 안식처를 찾아 피신해야 합니다. 따돌림
때문에 너무나도 고통스럽다면 죽음을 생각하기보다 그
자리를 박차고 나와야 자기 자신을 구할 수 있습니다. 고통을
떨쳐내고 끊어내며 '나는 가치 있는 존재'라고 자존감을
회복할 때까지 나만의 안식처에서 스스로를 보듬으며
하루하루 살아나가야 합니다.

**나는 나의 과제에 집중하면 그만입니다. 타인의 과제를
짊어질 필요가 전혀 없습니다. 누군가의 인생이 아닌 나 자신의
인생을 살아나가면 됩니다.**

나의 과제와 타자의 과제를 분리하라.

— 알프레드 아들러

고민 해결!

알아두면 쓸데 있는 철학 스토리

① 이 책에서는 '과제의 분리'에 초점을 맞춰 고민을
해결했지만 아들러가 인간관계의 최종 목표로 삼았던 가치는
공동체 감각입니다. 헤겔과도 비슷한 성격을 띠고 있지요.
냉정한 이성으로 상호 책임에 대해 명확히 선을 긋고(과제의
분리), 따뜻한 마음으로 서로의 목표를 일치시키는 방안을
모색하고자 했습니다. 여기서 한 발 더 나아가 타자에게
이바지하고 함께 협력함으로써 스스로를 긍정할 수 있다고
말했습니다.

② 일본의 화가 오카모토 타로 역시 남에게 무시당한다는
사람들에게 다음과 같이 따끔하게 말해줍니다. "남이 아닌
나에 대해 자부심을 갖는 것이 중요하다. 남에게 자부심을
드러내고 자랑하는 것은 남을 잣대 삼아 나를 판단하는
것에 불과하다. 설령 남한테 무시당하든 바보 취급을 당하든
비웃음을 사든 내가 살아 숨 쉬고 있음을 느끼는 것이 바로
자부심이다. 상대적 자부심이 아니라 절대적 자부심을 갖는
것. 그것이 진정한 자부심이다."

관계

《아들러 삶의 의미》, 1933

아들러는 이 책에서 공동체를 이루어 살아갈 수밖에 없는 인간에 주목한다. 1908년에 처음으로 언급한 '공동체 감각(공동체 의식)'은 아들러가 인간관계의 최종 목표로 삼았던 가치이다. 아들러는 인간이 공동체에 제대로 참여하고 기여할 때, 다시 말해 타인의 행복을 증진하고자 노력할 때 오히려 자기 자존감이 올라가고 더 중요한 사람이 될 수 있다고 역설한다. 세대 간의 단절, 소통의 부재로 대변되는 오늘날 공동체 속에서 자신을 어떻게 지키고 관계시키며 살아갈 것인지에 이 책을 읽으며 다시 한번 고민해보는 건 어떨까.

"외부의 충격을 버텨내는 태연자약한 태도"

이랬다저랬다, 사소한 실수로 트집 잡아 잔소리하기,
비아냥대는 말투에다가 사생활 간섭까지! 절이 싫은 게
아니어도 주지가 싫으면 중이 떠나는 게 맞겠죠?
도대체 뭐가 그렇게 못마땅하신지, 도무지 이해할 수가
없네요.

베네딕투스 데 스피노자의 고민 상담

베네딕투스 데 스피노자 Benedictus de Spinoza·1632~1677

데카르트, 라이프니츠와 함께 대륙 합리론을 대표하는 철학자. 17세기 네덜란드 암스테르담의 유대교 집안에서 태어났다. 젊어서는 일찍 사망한 아버지의 뒤를 이어 사업을 영위하였고 학문적으로도 뛰어나 일찍이 랍비가 될 재목으로 여겨지기도 했다. 그러나 '자연 그 자체가 신', '천사는 환상이며 영혼은 생명체 안에만 존재한다'와 같은 파격적인 주장을 전개해 유대교 사회에서 추방되었다. 그 후 스피노자는 하숙집에서 렌즈 세공을 직업 삼아 소박한 생활을 했다. 논쟁적인 내용 때문에 익명으로 출판한 《신학·정치론》은 출간 후 얼마 안 가 스피노자 본인이 저작자인 것으로 밝혀져 개혁교회로부터 폐기 선고를 받고 금서로 공표되기도 했다. 그럼에도 죽을 때까지 자유롭게 사유하고 글을 쓰는 데 일생을 바친 그는 오늘날 인간과 자연의 이분법을 극복하는 탈근대적 사유의 효시로 각광받고 있다. 주요 저서로 《에티카》, 《정치학 논고》, 《신과 인간과 인간의 행복에 대한 짧은 논문》 등이 있다.

어떻게 해야 행복해질 수 있을까? 17세기 네덜란드의 철학자 스피노자는 '인간이 타인과 세계를 원망하는 이유는 타인과 세계가 자유 의지를 갖고 있다고 생각하기 때문'이라고 보았습니다.

'자유 의지'란 자신이 어떤 행동을 하도록 스스로 조종할 수 있는 의지를 뜻합니다.

오늘도 어김없이 비아냥대는 상사. 어쩜 그리 기분 상하는 말만 골라서 하는지 짜증이 머리끝까지 치밉니다. 스피노자는 **이 세상의 어느 누구도 스스로를 바꾸기란 불가능하며 애초부터 인간에게 '자유로운 의지' 따위는 없다**고 단호히 말합니다.[1]

비아냥거리는 상사는 물론 아랫사람의 실적을 제 것으로 가로채거나 본인이 저지른 실수를 아랫사람에게 떠넘기는 상사들도 매한가지입니다. 모든 것은 그 사람을 낳은 부모와 나고 자란 환경 또는 입사 후 경험 등 그 자신과 그를 둘러싼 세계에 의해 이미 결정되어 있다고 이야기합니다.

정신 안에 절대적인 의지, 곧 자유로운 의지는 존재하지 않는다. 오히려 정신은 의지가 이것 내지는 저것으로

인해 발동되듯 원인에 의해 결정되고, 이 원인 역시
다른 원인에 의해 결정되거니와, 나중 원인은 또다시
다른 원인에 의해 결정되어 끊임없이 무한히 나아간다.
—《에티카》

누군가를 원망하고 불평하며 그로 인해 한숨짓는 이유는
상대의 행동을 나의 바람대로 바꿀 수 있으리라 믿기
때문입니다.

하지만 그 사람의 가정 환경과 생활 환경 또는 콤플렉스나
고민거리들이 얽히고설켜 인과관계를 이루고 있기 때문에
이미 결정 난 사항을 바꾸기란 참으로 어렵습니다.

일어나는 모든 것은 필연적이며 처음부터 결정되어
있습니다.[2]

'상사는 또다시 비아냥대고 굳이 하지 않아도 될 말을
기어코 내뱉을 테지.' 처음부터 이렇게 마음을 먹으면
편해집니다. 스피노자는 평안과 행복이 마음에 찾아들
것이라고 말했죠. 이해함으로써 상대방에 대해 체념하면
오히려 용납할 여지가 생깁니다.

스피노자가 살던 시대는 신을 빼놓고는 그 무엇도 논할
수 없었습니다. 그러면서도 신을 가타부타 논하는 것 자체를
불경스럽게 여겼습니다.

당대 철학자들의 저서들을 살펴보면 여지없이 저마다
신에 대해 언급한 내용이 나옵니다. 모든 것을 의심했던
데카르트조차 결론적으로 신이 절대적 존재라고 못
박습니다. 당시로서는 어쩔 수 없는 일이었습니다.

스피노자의 저서에도 '신'이라는 말이 빈번하게
등장합니다. 하지만 사실 그는 무신론자였습니다.

스피노자의 신은 "오, 신이시여!"라고 외칠 때의 신이
아니라, '세계'와 '자연'을 아울러 일컫는 말입니다. 모든
것은 세계와 자연에 의해 결정됩니다. 그는 세상 만물에
신이 깃들어 있다는 범신론을 주장했습니다. 신의 존재를
절대시하고 당연시하던 시대에 스피노자는 어떻게 신을
제쳐두고 세계를 인식할 수 있었을까요?

스피노자는 아무런 기반 없이 철저히 모든 것을 무無에서
생각하는 사람이었습니다.

그렇기에 기독교가 돈벌이와 전쟁, 살인을 정당화하는

사상적 수단으로 변질·악용되는 풍토를 꿰뚫어볼 수
있었습니다.

스피노자는 성서를 비판적 관점으로 검토하는 저서
《신학·정치론》을 익명으로 발간합니다. 하지만 그의
저작임이 탄로 나면서 가깝게 지내던 정치가가 죽임을
당하고 자신도 목숨의 위협을 느끼며 망명자 같은 삶을 살게
됩니다.

스피노자는 부유했던 부모의 유산 상속도 포기하고 일류
대학의 교수직도 고사한 채 돈 없이도 유유자적 사유에 잠길
수 있는 환경을 찾아 나섭니다. 유력자에게 비호를 요청하고
여기저기 거처를 옮겨 다녔습니다.

이미 어려서부터 풍족한 생활을 누린 덕분에 경제적
풍요와 정치적 지위에 대해 오히려 미련 없는 태도를
보였습니다.

유산 상속도 대학교수직도 마다한 스피노자는 과연 어떻게
생계를 꾸려나갔을까요? 렌즈 세공을 부업으로 삼았다는
이야기가 전해지는데, 이는 스피노자의 철학과 긴밀하게
연관되어 있습니다. 더 나은 세상으로 바꾸자는 구호 아래

야욕을 드러내며 전쟁을 일으키고 돈벌이에 혈안이 된 종교와 당대 현실에 진력난 스피노자는 세계를 정확히 투영해 보여주는 렌즈에 집중하게 됩니다.

렌즈는 세계를 이해하는 도구이지 세계를 바꾸는 도구가 아닙니다. 초점을 정확히 맞춘 렌즈를 바라보듯 **세계를 선명하게 이해함으로써 마음의 건강과 평화를 도모할 수 있다**는 것이 그의 생각이었습니다.

바로 이 렌즈와 같은 철학을 추구하겠노라고 스피노자는 굳게 마음먹습니다. 그의 저작 《에티카》에도 선명함을 추구하겠다는 의지가 충만하게 담겨 있습니다. 스피노자는 《에티카》를 젊은 날부터 수십 년에 걸쳐 써내려갔으나 생전에 출간하지 않았습니다. 세상을 바꾸겠다는 욕망에 초연했던 삶의 태도, 오로지 세계를 올바르게 이해하는 방법을 연마하고자 했던 그의 소신을 이 부분에서도 엿볼 수 있습니다.

스피노자의 철학은 짜증 나는 상사뿐 아니라 험한 세상을 건너는 와중에 우리가 맞닥뜨리는 온갖 난관에도 적용해봄 직합니다.

베네딕투스 데 스피노자

인간의 힘은 극도로 제한되어 있으며 외부에서 작용하는
힘은 언제나 이를 능가한다. 그러나 설령 우리들의 이익
지향적 사고에 반하는 사건들과 맞닥뜨린다 해도 우리
안에 내재한 힘은 그 사건을 피하기에 역부족이므로
우리들은 그저 자연의 일부로서 질서에 따라야만 한다.
이 사실을 의식하는 한 무슨 일이든 태연자약한 태도로
감내할 수 있다. —《에티카》

**인간은 정해진 운명을 바꿀 만한 굳센 의지와 능력을
겸비하고 있지 않습니다.** 동물과 나무와 길가의 돌멩이와
다를 바가 없습니다. 하지만 이 사실을 심사숙고한다면
문제를 내려놓고 받아들일 수 있습니다.

스피노자의 철학은 **이해와 수용**의 철학입니다.
현대 사회의 스트레스 가득한 환경 속에서 살아가는
우리들에게 스피노자의 철학은 대단히 유용한 가르침을
전해줍니다. 가히 현대판 성서라 부를 만합니다.
내일이면 어김없이 피하고 싶은 상사와 마주하겠지요.
또다시 제 얼굴을 깎아먹는 말을 태연하게 내뱉을 테고 일할
맛 뚝 떨어뜨리는 말을 천연덕스럽게 던질지도 모릅니다.

그러나 우리는 능히 짐작할 수 있습니다. **그 사람의 말에 묻어나는 인격의 수준과 그가 지나온 삶의 노정이 결코 평탄하지 않았으리란 사실**을 말입니다. 그럼으로써 당신의 영혼은 분명 평안을 되찾을 것입니다.

원망과 불평과 한숨 대신
그저 이해하라.

—베네딕투스 데 스피노자

고민 해결!

알아두면 쓸데 있는 철학 스토리

① 16세기 이탈리아 정치 사상가 마키아벨리는 스피노자와 마찬가지로 인간의 자유 의지에는 한계가 있으므로 인생을 운명의 흐름에 맡겨야 한다고 생각했습니다. 그러면서도 다음과 같이 이야기합니다. "운명의 여신이 인생의 반쪽을 마음대로 지배한다는 사실은 진실이나 우리의 자유 의지가 소멸되지 않도록 운명이 나머지 반쪽에 대한 지배를 우리에게 맡겨두었다는 사실 또한 진실이라고 나는 판단한다." "인간이 자기 역량을 뒤로한 채 미리 대책을 강구하지 않는 곳에서 운명은 그 위력을 발휘한다. (운명은) 그 지점을 파고들어 우리를 덮치기 때문에 우리는 운명을 잡아 흔들어서라도 제 것으로 만들어야 한다." 즉 나서야 할 때는 운명에 맡기지 말고 스스로 의지를 발휘하라는 의미입니다.

② 스피노자와 동시대를 살며 미적분학을 발명한 수학자 라이프니츠는 세계가 '모나드'라는 작디작은 단위로 구성되어 있다고 생각했습니다. 모나드 하나하나에는 제각기

해야 할 일이 사전 프로그래밍되어 있으며, 저마다 설정된 프로그램대로 자유로이 움직이나 전체적인 관점에서 보면 절묘하게 조화를 유지한다는 다원론적 세계관이죠. 그리고 지금 이 순간의 세계야말로 모나드가 최적으로 구성되어 최선의 형태로 구현된 결과라고 그는 생각했습니다. 이를 라이프니츠의 용어로 '예정 조화'라고 합니다. 흥미로운 점은 스피노자의 일원론과 라이프니츠의 다원론에는 세계와 인생은 정해진 대로 흘러갈 것이며, 정해진 대로 흘러갈 수밖에 없다는 공통의 원리가 작용하고 있다는 것이죠.

■ 철학 × 책

《에티카》, 1677

스피노자의 철학적 사유의 정수를 담은 저서. 신이 자연법칙을 어기고 세계에 개입한다는 기적의 관념과 사후의 심판으로 대표되는 초자연적 상벌 관념을 거부함으로써 당대의 자연 과학과 양립 가능한 신관을 주장했다. 전통적 신관에 대한 논박과 인간 중심적 사고에 대한 비판을 담은 《에티카》는 시대와 독자에 따라 다양한 해석을 낳아왔다. 《에티카》를 통해 재발견된 새로운 인간관·윤리관의 모델이 이성에 대한 맹신, 다양한 가치관의 충돌이 문제시되고 있는 현대 사회를 극복해나갈 무기가 될 수 있길 기대해본다.

"상처로부터 모두가
해방되는 길, 용서"

하루가 멀다 하고 싸우시는 부모님. 이제는 말릴 힘도,
그럴 의지도 없어요. 어릴 때부터 지겹게 봐와서 그러려니
할 때도 된 것 같지만, 마음속에 깊이 자리 잡은 이 미움의
감정은 쉽게 사라지지 않을 것 같아요.
이 응어리진 마음을 풀어주세요.

한나 아렌트의 고민 상담

한나 아렌트 Hannah Arendt·1906~1975

독일 출신의 정치 이론가. 철학을 '단독자인 인간'에 대해 사유하는 학문으로 보고 철학자로 불리기를 거부하는 한편, 세계 안에서 관계 맺고 살아가는 인류의 모습에 보다 주목해 정치 이론가를 자처했다. 1924년 마르부르크 대학에 들어가 철학과 신학, 그리스어를 공부했다. 이 시기 스승이던 마르틴 하이데거와는 그가 나치 정권에 협조한 것을 계기로 한동안 사이가 틀어진 것을 제외하면 평생에 걸쳐 지적인 동료 관계를 유지했다. 프라이부르크 대학에서 현상학의 창시자 에드문트 후설을, 하이델베르크 대학에서 실존주의 철학자 카를 야스퍼스를 사사했다. 1933년 나치 정부의 유대인 탄압을 피해 파리로 이주했고 이후 1941년 다시 한번 망명길에 올라 미국 뉴욕에 정착했다. 프린스턴 대학교, 버클리 대학교, 시카고 대학교 등에서 학생들을 가르쳤다. 그녀의 철학은 20세기는 물론, 민주주의의 원칙들이 무너지고 공공성은 하루가 다르게 후퇴하고 있는 오늘날 더욱 높이 평가받으며 아렌트 열풍을 이어나가고 있다.

극단적인 이야기지만 일본에서 일어난 살인 사건의
절반 이상이 부모 자식과 형제자매 등 가족을 상대로 한
범행이라는 통계가 있습니다. 종전 이후 살인 사건 건수가
점차 줄어들고 있는 반면, 혈육 간 살인 건수는 좀처럼
줄지 않는 실정입니다. 고령화가 진행됨에 따라 간병
피로를 호소하는 사람들이 많아지고 불황이 장기화되었기
때문이라는 지적도 나옵니다. 하지만 누구보다 사이가
가깝고 편한 존재가 가족입니다. 그만큼 속내를 드러내며
투정 부리기도 쉽지요. 투정을 받아주지 않으면 '왜 내
마음을 몰라줄까' 속상한 마음에 서운함이 밀려들고 불만이
쌓입니다. 가족이란 외려 증오심이 불타기 쉬운 관계일지도
모릅니다.

가족과 사이가 나쁘다면, 이 문제를 풀 열쇠를 한나
아렌트의 철학에서 찾아봅시다.

독일 태생의 유대인이었던 한나 아렌트는 양차 세계
대전을 겪으며 파리와 뉴욕으로 두 차례 망명합니다. 전쟁이
종식한 후에도 독일로 돌아가지 않고 미국 뉴스쿨 대학교에
남아 괄목할 만한 철학적 사유를 펼칩니다.

아렌트는 나치의 '전체주의'를 비판한 철학자로

유명하지만, 대학생 시절 자신의 스승이자 기혼자였던 마르틴 하이데거와 사랑을 나눈 사이로도 널리 알려져 있습니다. 그러나 20세기 최고의 철학자로 손꼽히는 하이데거는 나치에 가담해 후일 비난에 직면하게 되죠.

이처럼 이성으로 풀어헤칠 수 없는 삶의 모순을 껴안은 채 아렌트는 20세기 유럽이 낳은 **전체주의**를 비판하며 **악의 속살**을 파고듭니다.

전체주의란 개인보다 집단을 우선시하는 사상입니다. 나치 같은 독재 정당이 폭력을 동원해 유럽을 지배하려 했던 것처럼요. 아렌트는 먼저 전체주의를 비판적으로 검토하는 단계부터 출발합니다.

아렌트는 그간의 철학이 여태껏 중시해왔던 사고보다 실생활에서 인간이 수행하는 행동에 비중을 두었습니다. 그리고 인간의 행동을 노동labor, 작업work, 행위action 세 가지로 구분했습니다.

이 중에서 **행위**action란 인간이 서로 관계를 맺고 말과 행동을 통해 상대방에게 자기를 표현하며 자기가 누구인지 드러내는 것입니다. 각양각색의 사람들이 관여하여

다수성多數性[1]을 띠는 행위야말로 세 가지 행동 중에서 가장 뛰어난 인간의 조건이라고 아렌트는 생각했습니다.

그러나 사람 사이의 일은 앞을 내다볼 수 없고 결과 또한 짐작하기 어렵습니다. 소통하는 과정에서 나는 괜찮았을지언정 의도치 않게 누군가의 마음을 할퀼 수도 있습니다. 더구나 한번 마음에 낸 상처는 돌이킬 수 없습니다. 이런 인간관계의 특성이 반영된 행위는 앞으로 닥칠 일을 내다볼 수 없는 예측 불가능성, 그리고 본디 상태로 되돌릴 수 없는 비가역성, 두 가지 약점을 내포한다고 아렌트는 지적합니다.

다른 이에게 상처를 주었으나 돌이킬 수 없다고 해서 자기가 저지른 과거의 행위에서 벗어나지 못한다면 어떻게 될까요? 단 한 번의 실수에 발목 잡힌 채 인간관계를 회복할 가능성을 잃고 맙니다.

과거 부모님의 말씀에 상처를 받았다든지, 부모로서 보여서는 안 될 모습을 보였다든지, 믿었던 형제에게 뒤통수를 맞았다든지. 이런 일들을 두고두고 마음에 담아두면 아렌트의 말처럼 가족 관계가 과거의 상처에 발목 잡힌 채 더 이상 호전되기 어렵습니다. 그리고 인간의 자유,

한나 아렌트

무엇보다 나의 자유를 침해하는 결과를 낳습니다.

행위는 인간의 고유한 행동인 동시에 필연적으로 오류를 범할 가능성을 내포하고 있습니다. 그렇지만 아렌트는 이러한 행위에 자구책이 마련되어 있다고 말합니다. 그 자구책이란 돌이킬 수 없는 일을 **용서**하는 것입니다.

가족을 원망하거나 두 번 다시 말도 붙이지 않겠다고 생각하는 것은 복수에 지나지 않습니다. 맨 처음의 죄에는 종지부를 찍을 수 있을지 몰라도 복수가 복수를 부르면서 관계는 끝없는 폭력의 사슬 속으로 빠져들게 될 뿐입니다.

반면 아렌트가 제시한 **용서는 연거푸 생성되는 복수의 사슬을 끊어냅니다. 최초의 행위가 낳은 상처로부터 용서하는 자와 용서받는 자를 해방시킵니다.** 물론 쉬운 일은 아닙니다. "인간은 인과의 세계에 속하는 존재이므로 찰나에 일어나는 자연스러운 감정과 욕망, 즉 경향성에 휩쓸리기 쉽다"는 칸트의 말처럼 사람은 모욕적인 일을 당하면 자연히 복수심을 품게 됩니다. 인간이라면 누구나 그렇습니다.

'감정적으로는 차마 용서가 되지 않지만, 용서하지 않고서는 회복할 수 없을 거야…' 이처럼 용서는 감당하고 인내하기를 요구합니다. 인간 감정의 자연스러운 흐름에 역행하는 냉철한 이성을 필요로 합니다. 용서는 복수와 대척 관계를 이루는 인간다운 이성적 행동이라고 아렌트는 생각했습니다.[2]

용서가 인간다운 고귀한 행동이라고 역설한 아렌트. 하지만 현실에서 그는 차마 용서하기 어려운 사건과 맞닥뜨리고 맙니다.

그 사건이 바로 **아이히만 재판**입니다.

아돌프 아이히만은 2차 세계 대전 중에 나치 정부가 아우슈비츠에서 자행한 홀로코스트(유대인 대학살)를 지휘하고 유대인 수백만 명을 강제 수용소로 보낸 실무 책임자였습니다. 종전 후 아이히만은 도피처 아르헨티나에서 이스라엘 첩보 기관에 붙잡혀 예루살렘으로 연행되어 재판을 받게 됩니다.

전 세계가 재판 과정을 숨죽이고 지켜보는 가운데, 그저 책임자로서 상관의 명령에 따라 직무를 수행했을 뿐이라고 주장하는 그에게 사형이 선고됩니다. 그러자 《뉴요커》의 특파원이자 재판을 방청했던 세계적 지식인 아렌트의

©Rapho/AFLO

아이히만이 재판받는 모습

의견에도 이목이 집중됐습니다.

아렌트는 "얼마나 악랄하고 극악무도한 사람일지
궁금했다. 그러나 출세욕을 채우려 사무적으로 일을
수행했던 빈약한 사고를 가진 하수인에 지나지 않았다"고
평합니다. 그리고 일개 범인凡人에게서 전대미문의 악이
탄생했다는 충격에 휩싸여 '악의 평범성'을 주제로 내건
수기를 발표합니다.

아렌트는 아이히만을 두고 **용서받을 수 없는 사람이며**

사형은 타당한 판결이라고 말합니다.

> 어느 누구도, 즉 인류 구성원 가운데 어느 누구도 피고와
> 이 지구를 공유하기를 바란다고 기대할 수 없다는 것을
> 우리는 발견하게 된다. 이것이 바로 당신이 교수형에
> 처해져야 하는 이유, 유일한 이유이다. —《예루살렘의
> 아이히만》

나치 정부가 유대인을, 그리고 그들과 함께 살아가기를
거부하고 이를 행동으로 옮겼기에 아이히만 역시 지구에서
함께 살아가는 전 세계 인류에게 외면당할 수밖에 없다.
아렌트는 이렇게 사형 판결의 이유를 설명하며 나치 정부의
홀로코스트 논리와 동일한 논리로 아돌프 아이히만을 사형에
처할 만하다고 주장했습니다.

나치 정부가 유대인에게 자행했던 일들을 반박하는 논리에
복수를 끌어들이고 만 것입니다.

그 밖에도 아렌트는 자신의 수기에서 "유대인 지도자들
중에도 홀로코스트에 가담한 자들이 있다"고 폭로합니다.
이 발언이 유대인 공동체의 거센 비난을 사면서 그녀는

친구들을 잃고 고립됩니다. 사상계의 주목을 한 몸에 받았음에도 불구하고 이토록 크나큰 희생을 감수하면서까지 절대 악을 심판하는 데에 공정을 기하며, 끈질기게 고민하고 사고한 점에 대해서는 박수받아 마땅합니다.[3]

그러나 아렌트가 주장했던 용서가 홀로코스트라는 구제 불가한 악질 행위 앞에서는 위력을 발휘하지 못한다는 사실이 분명하게 드러났습니다. 그의 논리에는 빈틈이 존재했고 논리와 현실 간의 괴리를 초래했다는 사실 또한 부정할 수 없었습니다. 홀로코스트 같은 사상 초유의 역사적 만행은 도저히 이성만으로 재단할 수 없는 난제였습니다.[4]

홀로코스트만큼 잔혹하지는 않지만 우리 역시 살아가면서 논리와 현실의 딜레마에 갇힐 때가 있습니다. 머리로는 어른답게 굴자고 생각하지만, 마음으로는 용서할 수 없을 때가 있습니다. 가족 간의 불화와 갈등도 그렇습니다.

그럼에도 불구하고 아렌트는 우리에게 용서하라고 말합니다.

용서를 결심하는 것부터가 이미 의미 있는 행위입니다.[5]
복수와 반대로 **용서는 상처 준 상대와의 단절을 깨고 상대가**

처음에 저지른 실수와 그로 인해 생겨나는 보복의 사슬로부터 상대와 나를 해방시킵니다. 그리고 상호 간에 새로운 시작이 움트며 교류를 되찾게 해줍니다. 무릇 용서란 인간이란 존재에 걸맞은 행동임에 틀림없습니다.

용서는
용서하는 자와 용서받는 자를
해방시킨다.

— 한나 아렌트

고민 해결! *Hannah Arendt*

알아두면 쓸데 있는 철학 스토리

① 아렌트에게 정치란 공공적 공간에서 이루어지는
행위였습니다. 여기서 정치란 시민이 공적 공간에 나가서
상호 관계를 맺고 말과 행동으로 자기 생각을 표명해 자기가
어떤 사람인지를 드러내는 행위를 뜻합니다. 그리고 정치가
인간의 자유와 다수성을 드러내는 증거라고 말했습니다.

다수성이란 각자 다른 개성과 사고방식을 조율해나가며
인간이 더불어 존재할 수 있음을 의미합니다. 그러나 나치의
전체주의는 정치라는 미명하에 폭력을 동원해 집단과
민족을 우선시했습니다. 그리고 개인의 자유, 무엇보다
인간의 복수성複數性을 봉쇄했다는 점에서 아렌트가 주장한
'행위'로서의 정치에 역행하는 길을 걸었습니다.

② 아렌트가 말한 용서의 원형은 성서에서 찾을 수
있습니다. 예수는 "먼저 인간이 서로 용서해야 한다. 인간이
인간을 용서한 후에야 신이 인간을 용서할 수 있다"고
말했습니다. 사도 베드로에게 "일곱 번뿐 아니라 일곱
번씩 일흔 번이라도 용서하라"며 끝없이 용서할 것을

강조했습니다.

③ 전후 독일은 나치 정부가 저지른 과오를 부단히 반성하고 경제 부흥을 이룩함과 동시에 유럽에서 으뜸가는 과학 기술 강대국으로 부상했습니다. 두 명의 독일인 천문학자가 화성과 목성 사이로 태양계 궤도를 도는 소행성을 발견했을 때는 인류의 난제에 도전하기를 멈추지 않았던 철학자에게 경의를 표하며 소행성에 '한나 아렌트'라는 이름을 붙였습니다.

④ 아렌트는 홀로코스트와 같은 '절대 악(근원 악)'은 "용서할 수도 벌할 수도 없다"고 말하며 아이히만의 사형 판결을 지지했습니다. 더욱이 데리다 같은 철학자는 아렌트의 모순성에서 용서의 논리를 심도 있게 발전시키며 "용서란 용서할 수 없는 것을 용서하기 위해 존재한다"는 극한의 경지까지 나아갔습니다. 이는 칸트가 말한 '규제적 이념'과도 같습니다. 관념으로만 표현 가능한 궁극의 이념이죠. 즉 아렌트는 실현하기란 불가능에 가깝지만 세상의 균형을 위해 반드시 존재해야 하는 개념으로 '용서'를 생각한 것입니다.

한나 아렌트

⑤ 18세기 프랑스의 계몽사상가 볼테르는 이성과 관용의
정신으로 용서를 설파한 철학자입니다. 당시 프랑스에서
개신교도였던 한 청년이 자살하는 사건이 일어났습니다.
얼마 후 청년이 생전에 가톨릭으로 개종하려고 했으나
신교도였던 아버지가 허락하지 않아 자살했다는 소문이
떠돌게 됩니다. 곧 가톨릭교회는 청년의 아비지 킬라스에
대한 규탄 성명을 내고 고문해 죽음에 이르게 합니다. 칼라스
사건을 접한 볼테르는 부정 재판을 규탄하며 억울하게
죽은 아버지 칼라스의 명예를 회복시키기 위해 모든
인맥을 동원하여 재판에 제동을 겁니다. 결국엔 국왕까지
관여하면서 재판 결과가 번복되죠.

이렇듯 논리적이고 실천적이었던 인간 볼테르는 영국의
경험주의 철학자 로크의 영향 아래《관용론》을 내놓으며
당시 만연하던 가톨릭교회의 광신적인 재판 제도와 이로
인한 폐단을 고발했습니다. 그리고 "재판이 불확실하며
오류를 범하는 것은 인간의 숙명이다"라는 전제를 세우고
"서로 용서하는 것이 무엇보다 중요하다"고 주장합니다.
"관용이란 무엇인가. 그것은 인간애를 지니는 것이다.
우리는 모두 유약함과 과오 및 불찰에서 생겨난 존재다.
우리의 어리석음을 서로 용서해야 한다. 이것이 자연의 첫째

법칙이다."

2015년 파리 집단 테러 사건이 일어난 뒤로 사람들은 플래카드에 볼테르의 사진을 내걸고 데모를 이어나갔으며, 불후의 명저 《관용론》이 다시금 베스트셀러에 올랐습니다. 관용이 자리를 잃어가는 요즘 같은 시대야말로 볼테르의 말을 가슴 깊이 새겨야 할 때입니다.

■ 철학 × 책

《인간의 조건》, 1959

한나 아렌트의 정치사상을 이해하는 출발점이자 20세기 사상을 빛낸 아렌트의 대표작이다. 아렌트는 인간의 근본적인 세 가지 활동을 '노동', '작업', '행위'라는 개념으로 나눠 설명하고 '노동하는 동물(노예)'의 승리로 끝나버린 근대 사회를 비판한다. 그와 동시에 나 이외의 다른 사람과 상호 작용하고 소통하는 정치적 '행위'를 통해 스스로 삶의 가치를 찾으려 노력해야 한다고 역설한다. 인간이 인간답게 살아갈 수 있는 실천적 방향을 제시한 그녀의 사유는 정치 철학의 틀을 뛰어넘어 사회학, 법학, 역사학 등 여러 학문 분야에 영감을 주었다.

한나 아렌트

○

결혼하게나. 후회할 테니.
결혼하지 말게나. 후회할 테니.

— 쇠렌 키르케고르

IV. 연애와 결혼

"나와 당신의 입장을 덜어내고 '우리'가 되는 법"

처음엔 좋아하는 것도 똑같고, 생각하는 것도 똑같고, 모든 게 다 잘 맞는다고 생각했던 우리. 그런데 왜 시간이 지나면서 자꾸 삐걱거리고 다투는 일이 많아졌을까요? 그 사람과 나는 처음부터 아니었던 걸까요? 어떻게 되돌려야 할까요?

게오르크 빌헬름 프리드리히 헤겔
Georg Wilhelm Friedrich Hegel · 1770~1831

칸트의 사상을 이어받아 독일 관념론을 완성한 철학자. 1770년 독일 남부 슈투트가
르트에서 궁정 관리인의 장남으로 태어났다. 열여덟에 김나지움을 우수한 성적으로
졸업하고 튀빙겐 신학교에 진학했다가 그곳에서 시인 횔덜린과 천재 소년 셸링을 만
나 교류했다. 감수성이 가장 풍부하던 대학 시절에 프랑스 혁명을 경험하는데, 이는
그가 이성과 자유에 바탕을 둔 철학을 과제로 삼는 계기가 되었다. 대학 졸업 후에는
가정 교사 생활을 거쳐 셸링의 추천으로 예나 대학에 시간 강사로 초빙되었으며, 이
시기에 변증법적 사유 논리를 바탕으로 인간과 신, 자연을 포함한 존재 전체의 본질
을 규명한 《정신현상학》(1807)을 발표했다. 1818년 피히테의 후임으로 베를린 대학
교수로 취임해 죽기 전까지 이곳에서 학생들을 가르쳤다.

돈독한 사이를 자랑했던 부부라 할지라도 세월이 흘러 나이를 먹고 자녀가 장성해 품을 떠나게 되면 두 사람의 관계에 적잖은 변화가 찾아옵니다. 순간의 실수로 벌어진 틈을 끝내 좁히지 못한 채 이별을 맞이하기도 합니다. 최근 들어 황혼 이혼이 크게 늘고 있다는 이야기가 들려옵니다.

이런 현실에서 철학은 어떤 조언을 건넬 수 있을까요?

독일 관념론의 대미를 장식한 인물로 '철학의 완성자'라고 불리는 헤겔. 헤겔은 **변증법**이라는 강력한 지적 무기를 확보하고 세계에서 일어나는 온갖 사건들을 거대한 관점에서 파악해 인간의 역사를 장대한 대하드라마로 엮어냅니다.

헤겔은 변증법을 통해 역사는 인류와 세계가 진보하는 방향으로 흘러간다고 말했습니다. 과거에서 미래로 우상향하는 화살표를 머릿속에 그리면 이해하기 쉽습니다. 헤겔은 **충돌과 언쟁이 일어나도 최종적으로 역사는 더 나은 방향으로 나아간다**고 주장했지요.

때마침 헤겔은 세계사 지형이 극심하게 변동하던 시대에 살았습니다. 이웃 국가 프랑스에서는 왕정에서 민주정으로 이행하는 혁명이 절정에 달했으며, 그가 살던 독일은 프로이센의 주도하에 뒤늦게 독일을 하나의 체제로

결집하고자 총력을 기울였습니다. 이런 상황에서 그의
웅장한 이론은 자국민의 찬사를 받았고, 헤겔은 느지막이
베를린 대학의 총장 자리까지 오르게 됩니다.

　상대에게 자신의 능력을 증명하려 대립각을 세우는 원시
시대와 고대의 개인 단위에서부터 가족과 시민 사회의
대립을 해소하는 근대적 민족 국가 단위에 이르기까지 헤겔
철학은 인류사의 중요 국면들을 총망라합니다.
　헤겔의 변증법은 개개인이 이웃하는 타인과 서로
인정하면서 사회에 작은 단위가 형성된다고 설명합니다.
그 단위가 가족, 시민 사회, 국가로 확장되어 세계 전체가
서로 인정하는 집합체(세계 시민)로 발전하면서 평화롭게
번영해나가는 모습을 그려냅니다.

　변증법에서는 아래의 세 단계를 기억하면 됩니다.
　1단계는 **정正의 단계**, 즉 **테제**These입니다.
　원래 인간은 자기중심적으로 바라보고 사고합니다.
　자기와 다른 관점이 존재한다는 사실을 미처 주지하지
못한 채 모든 현상을 자기 입장에서 해석하고 바라봅니다.
독선적이고 자의적이며 시야가 좁은 존재입니다.

연애와 결혼

2단계는 **반反의 단계**, 즉 **안티테제**Antithese입니다.

머잖아 자기와 관점을 달리하는 타자의 사고와 대치하게
됩니다. 바로 이때, 우리는 자신과는 다른 관점과 사고방식이
존재한다는 사실을 인식합니다. 타인의 의견을 그대로
받아들이면 자기 의견을 관철할 수 없고, 타인을 무시한 채
자기 의견만을 고집하면 타인과 공존할 수 없다는 딜레마에
직면합니다. 그리고 일방통행으로 밀고 나가던 자신의
관점이 사실은 편협하고 편파적인 시각에 불과하다는 사실을
깨닫습니다. 자신의 사고방식이 갖는 한계를 인식하는
동시에 자기중심적인 관점이 부정되는 단계입니다.

헤겔은 **나와 타자가 대립하고 나의 관점이 부정되는 '반反의
단계'를 긍정적으로 바라보았습니다.** 타자와의 대립을 통해
타자와 구별되는 나의 고유한 모습이 드러나기 때문이죠.
타자와의 관계에 나를 비추고 나서야 비로소 나의 본모습이
드러나며 기묘한 진실까지도 아울러 조명됩니다.

3단계는 **합合의 단계**, 즉 **진테제**Synthese입니다.

나와 타인의 입장을 대조하고 조율해 대립을 소거해나가는
단계입니다. 양쪽 입장을 모두 반영하고 망라함으로써
독단적 관점을 총체적 관점으로 한 단계 격상시키는

과정입니다. 자기 의견과 입장을 견지하면서도 타자의 의견과 입장을 수용해 모든 현상을 총체적·보편적 관점으로 폭넓게 바라볼 수 있게 됩니다. **'나'의 관점은 물론 '우리'의 관점으로 나아가는 것이지요.**

의사소통으로 의견을 조율하고자 노력한 끝에 아름다운 대미를 맞이하게 됩니다. 그렇기에 **반反의 단계에서 알력이 생기고 마찰이 심하면 심할수록, 그 갈등을 아우르는 합合의 단계는 더욱더 빛을 발합니다.**

비 온 뒤에 땅이 굳는다는 격언은 변증법을 잘 드러내줍니다. 억수 같은 비가 세차게 쏟아질수록 땅이 단단하게 굳어 지반이 탄탄해집니다. 이후 또다시 **타자와의 갈등이 불거져도 이를 잘 극복해 한 차원 높은 단계로 나아간다면 더욱 끈끈한 유대감이 생겨날 테지요.**

이런 변증법적 구조는 수많은 예술 작품에서도 찾아볼 수 있습니다. 고뇌를 뚫고 환희에 다다른 베토벤의 음악이 대표적인 사례입니다.[1]

연애와 결혼

나와 당신의 입장을 덜어내고 '우리'가 되어보면

세 단계 국면을 부부 또는 연인 관계에 대입해볼까요.

부부 사이가 나쁠 때, 서로를 잘 알고 있다고 생각했으나 실제로는 잘 모르고 있었다는 사실이 극명하게 드러납니다. 내가 보지 못한 미지의 영역이 상대에게 남아 있던 것입니다.

어째서 의견 차이를 보이는 걸까. 왜 자꾸만 서로 엇나가는 걸까. 상대의 의견에 담긴 가치관을 존중하되 마찰을 두려워 말고 과감하게 부딪쳐봅니다. 나와 당신의 입장을 덜어내고 '우리'가 되어가는 와중에 의도치 않았던 지점에서 서로를 더욱 깊이 이해하게 될지 모릅니다. **서로에 대해 잘 알지 못한 채 자기중심적으로 생각하고 행동했던 '나'는 마찰을 무릅쓴 끝에 진정한 '우리'²가 되어 서로를 이해하는 단계에 올라서게 되는 것이죠.** 이 과정을 헤겔은 '**아우프헤벤**(지양止揚)'이라고 일컬으며 불화와 반목을 타개할 수 있는 강력한 방법이라고 생각했습니다.

'우리'라는 전제 안에서 서로에게 열려 있는 '나(혹은 당신)'로 존재한다는 것은 결코 쉬운 일은 아닙니다.

가슴앓이를 피할 수는 없지만 녹록지 않은 과정을 끈질기게
마주한다면 기필코 우리 앞에 문제를 매듭짓는 길이 열릴
것입니다.[3] 연인 또는 배우자와의 사이가 틀어져만 갈
때, 오해를 오해로 되받아치고 도무지 앞이 보이지 않을
때 이렇게 생각해보면 어떨까요? '지금은 힘겹고 사이가
소원하지만 우리 관계가 지양을 향해 가고 있는 거야.'
'포기하지 않고 이야기를 나누다 보면 구름이 걷히고 하늘이
개듯 서로를 이해할 시간이 오겠지.'

반목하는 '나'와 '당신'이
'우리'로 승화하여
서로를 이해하는 단계에 올라서야 한다.

— 게오르크 빌헬름 프리드리히 헤겔

고민 해결!

연애와 결혼

알아두면 쓸데 있는 철학 스토리

① 헤겔에게 당당히 맞서며 부정변증법을 창안한
독일 프랑크푸르트학파의 철학자이자 미학자 테오도르
아도르노는 헤겔과 같은 해에 태어난 베토벤의 음악에
헤겔의 변증법철학이 구현되어 있다고 보았습니다.
아도르노가 유고로 남긴 단편들과 메모들, 생전에 발표한
논문들을 엮은 《베토벤 음악의 철학》에는 다음과 같은
구절이 등장합니다. "베토벤의 음악은 헤겔 철학 그 자체다.
그러나 동시에 이 음악은 헤겔 철학을 넘어서는 진실이기도
하다."

② '(조율된) 우리'라는 개념은 가족 단위를 넘어 사회
속 대인 관계로까지 적용해볼 수 있습니다. 헤겔이 그린
역사의 발전상에는 전체를 포괄하고 조화를 유지하여
전진하는 이미지가 담겨 있습니다. 그의 사상을 계승했든
비판했든 헤겔이란 존재가 후대 철학계에 미친 영향력은
이루 다 헤아리기 어렵습니다. 거센 파동을 일으키며 역사를
움직이게 하는 원천을 헤겔 철학에서는 '절대정신'이라고

부릅니다.

한편 헤겔 철학을 비판적으로 계승, 극복한 마르크스는 역사를 움직이는 원동력은 정신이 아니라 사회를 지탱하는 하부 구조인 생산 수단에서 비롯된다고 역설합니다. 생산 수단이 생산 양식과 모순을 이루며 역사가 굴러간다는 역사관(유물사관)을 주창하면서 전 세계의 혁명 사상가와 좌파 운동가들에게 지대한 영향을 끼치게 됩니다.

한편 덴마크의 철학자 키르케고르는 개인에서 가족, 가족에서 사회, 국가로 짜임새 있게 정리된 헤겔의 절대정신에 반발하며 "산다는 것은 개인의 영역에 속하는 결단이다"라고 말합니다. 삶의 방식과 가치관이 상대방과 다르다면 단절도 불사한다는 단호하고 과감한 태도입니다. 헤겔이란 철학계의 거목을 뛰어넘고자 했던 두 사람의 노력은 이후 현대 철학의 양대 산맥(마르크스주의와 실존주의)을 융기시킵니다.

③ 싸움이 일어났을 때 필요 이상으로 감정의 골을 깊게 만들거나 악화시킨다면 이 논의는 토대 없이 무너질 모래성이나 다름없습니다. 반목하는 시기라도 서로의 마음속에는 회복을 향한 여지를 남겨두어야 합니다. 그

연애와 결혼

자리에 원망이나 증오를 품으면 돌이킬 것도 돌이키지 못합니다. 중국 고전《채근담》에도 나와 있듯, 이야기의 논점을 벗어나지 않도록 온유하게 말하며 문제를 해결하는 데 집중해야 합니다. 이야기를 엉뚱한 방향으로 몰고 가는 행동은 성난 마음에 기름을 붓는 격입니다. 활활 타오르는 불길을 잠재우려면 아마도 어마어마한 대가를 치러야 할 겁니다.

■ 철학 × 책

《정신현상학》, 1807

헤겔의 '예나 시대'를 대표하는 동시에 그의 사상의 출발점이 된 저작이다. '정신현상학'이란 우리의 의식이 여러 가지 경험을 통해 진리를 파악해가는 과정 자체를 의미하는 표현으로 볼 수 있다. 여기서 '경험'이란 의식이 자기 자신의 내용과 대립을 극복하고 자기에게로 돌아와서 자신과 완전히 일치할 때까지의 과정, 다시 말해 '의식의 변증법적 운동'을 가리킨다. 헤겔은 이 책에서 정신이 감각적 확실성에서 출발해 순차적으로 과학적 지성, 이성적 사회의식, 종교 등으로 변증법적 경로를 거치며 끝까지 올라가 끝내는 절대지絶對知인 완전한 자각에 이르는 도정을 서술한다.

《이성이 주는 해방감》

곁에서 나를 아껴주고 사랑해주는 사람이 있는데 또
다른 사람과 사랑에 빠져버렸어요. 지금 곁에 있는
사람에게 미안한 마음도 진실이고, 또 다른 사람에 대한
마음도 진실인데, 그래서 더더욱 혼란스러워요.
어떻게 해야 할까요?

임마누엘 칸트의 고민 상담

임마누엘 칸트 Immanuel Kant · 1724~1804

철학의 양대 축을 이루던 '영국 경험론'과 '대륙 합리론'을 비판적으로 통합한 18세기 독일 철학자. 1724년 프로이센의 쾨니히스베르크에서 태어나 그곳에서 평생을 지냈다. 1740년 쾨니히스베르크 대학에 입학해 철학, 수학, 자연 과학을 공부했다. 1746년 대학 수업을 마친 후 10년 넘게 가정 교사와 대학의 시간 강사, 도서관 사서로 생계를 유지하다가 1770년 마흔여섯에 비로소 쾨니히스베르크 대학의 논리학과 형이상학을 담당하는 정교수가 되었다. 1781년 《순수이성 비판》을 시작으로 '3대 비판서'라 불리는 《실천이성 비판》(1788), 《판단력 비판》(1790) 등을 발표하며 본격적으로 자신의 철학적 성찰의 결과를 쏟아냈다. "근대 이전의 모든 철학은 칸트로 흘러들었고, 근대 이후의 모든 철학이 칸트로부터 흘러나왔다"고 할 정도로 인식론, 형이상학, 윤리학, 미학 등 서양 철학 전 분야에 막대한 영향을 미쳤다.

19세기 철학자 칸트는 날마다 정해진 시간에 아침 식사, 산책, 사색을 규칙적으로 실천했다고 합니다. 이웃들이 시계 대신 그의 행동으로 시간을 확인했을 정도라니, 칸트가 얼마나 시간을 철두철미하게 지켰는지 알 수 있습니다.

그런 그에게 인간의 자유란 무엇이었을까요? 불륜에 빠지거나 욕망에 몸을 맡기고 마음 가는 대로 행동하는 것과는 분명 거리가 멀었습니다. 졸음이 쏟아져 다시 잠들고 싶어도, 잠시 딴 길로 새고 싶어도, 자신이 정한 일과에 맞춰 규칙적으로 행동하는 것. 욕망에 휩쓸리지 않고 이성이 관할하는 도덕 법칙을 따르는 것이야말로 칸트는 자유라고 여겼습니다.

칸트에 따르면 이 세상에 존재하는 모든 사물은 인과의 세계인 자연을 타고 흘러갑니다. 울퉁불퉁 모난 바위가 강물에 휩쓸려 내려가면 물살에 모서리가 깎이며 뭉툭해집니다. 인간 역시 인과의 세계에 속하기 때문에 찰나에 일어나는 자연스러운 감정과 욕망, 즉 **경향성**에 휩쓸리기 쉬운 존재라고 칸트는 생각했습니다.

불륜도 경향성을 잘 보여주는 사례입니다. 배우자로 충족되지 않는 부분이 있다면서 덜컥 다른 이성과 만남을

임마누엘 칸트

가져버리는 것이지요. 들통 난 뒤에 벌어질 후폭풍이 마음에 걸리면서도 이리저리 뭉개다 또다시 비밀리에 만남을 지속합니다.

칸트의 생각을 바탕으로 불륜 문제를 풀려면 인간이 감성과 이성이라는 양쪽 세계에 모두 발을 걸치고 있다는 이세계설二世界說을 먼저 이해해야 합니다.

칸트에 따르면 인간은 경향성이 좌지우지하는 세계(칸트의 용어로 '현상계')에 속하기도 하지만, **돌고 도는 인과의 쳇바퀴를 벗어난 초월 세계(칸트의 용어로 '예지계')에도 속하는 이성적인 존재**입니다.

불륜의 결과로 얻을 만족감과 죄책감 사이에서 인간은 갈팡질팡합니다. 이런 모습 때문에라도 인간은 누구나 양심의 목소리를 들을 수 있는 '예지계'에 속한 존재라고 칸트는 생각했습니다.

또한 인간은 내면의 양심을 통해 욕망과 감정에 해당하는 경향성을 뿌리치고 자연의 인과로부터 독립해 새로운 행위를 이룰 수 있는 이성적 존재라고 말했습니다.

지금 당장은 배우자 몰래 애인을 만나고 있더라도 마음 한구석이 석연찮다면 이성을 촉발시켜 불륜을 끊을 수 있는

연애와 결혼

존재가 인간이라는 것입니다.

　"남을 불편하게 해서는 안 된다." "거짓말해서는 안 된다."
우리가 도덕 시간에 주로 배우는 내용입니다. 하지만 자세히
들여다보면 미움을 사지 않으려면(남을 불편하게 해서는 안
된다), 남에게 신뢰를 얻고 싶다면(거짓말해서는 안 된다)처럼
이기적인 동기(조건부)가 깔려 있다고 칸트는 지적합니다.
자신의 이해득실과 처세를 고려한 결과이며 자기애에서
비롯된 거짓 도덕(칸트 용어로 '가언명령')에 지나지 않는다고
비판했죠.
　진정한 도덕 법칙(정언명령)은 "네 의지의 격률이 언제나
동시에 보편적 입법의 원리가 되도록 행위하는 것"이라고
칸트는 말합니다.
　이 말은 곧 **세상의 모든 사람이 그런 행위를 할 경우 이
세계가 어떻게 될지**를 판단 기준으로 삼아 행동하라는
뜻입니다. 판단 기준에 비추어 불륜을 보편화할 수 없다고
느끼는 사람에게는 불륜이 도덕 법칙에 반하는 행위가
됩니다.

　나 하나만큼은 욕망과 충동으로 점철된 자연계의 인과에서

독립해 이성이 관할하는 도덕 법칙을 확립하고 실천합니다. 한 사람, 두 사람, 그리고 수많은 사람에게 퍼져나가 세상이 행복해지는 모습이 자신의 도덕 법칙에 담겨 있다고 생각해보세요. 스스로 세운 행동 원리를 향해 존경심이 우러납니다. 또한 이와 같은 행동 원리가 자기 내면에서 끓어오르고 있음을 발견해냈다는 **자부심**도 생겨납니다.

끊임없이 인과에 휩쓸리고 이성에도 한계가 있는 우리 인간이 이 세계의 진실한 모습(물자체)을 알아차리기란 불가능한 일입니다. 하지만 이 세계의 진실한 모습을 드러내는 선한 의지를 지각하고 구현하는 일만큼은 가능합니다. 진실로 가는 단 하나의 통로(선의지)는 우리가 양심의 목소리를 듣고 받아들일 때 비로소 연결된다고 칸트는 말합니다.[1]

자기 내면의 양심에 대해 존경심을 갖고 도덕을 지킬 때 인간의 존엄성이 생겨납니다. 도덕 법칙을 지키는 동기의 순수함이야말로 칸트 윤리학의 본질입니다. 이는 불륜이 도덕 법칙에 반한다고 여기면서도 들키지 않으면 그만이라는 태도로 계속 불륜을 저지르며 양심의 가책을 느끼는 것과는 사뭇 대조적인 감정이지요.

그러면 안 된다는 것을 알면서도 감정에 휘둘리고 마는 것이 인간의 본성입니다. 하지만 **동시에 그것을 이성으로 다스려 해방감을 느낄 수 있는 존재가 인간입니다.**[2]

칸트는 양심에 대한 자긍심을 자연계를 지배하는 법칙에 대한 존경심과 중첩시켜 다음과 같이 표현합니다.

> 반성에 반성을 거듭할수록 늘 새롭고 한 층 더 열띤 감탄과 경외심을 자아내며 마음을 채워주는 두 가지가 있다. 그것은 내 위에 있는 별이 빛나는 하늘과 내 속에 있는 도덕 법칙이다. ─《실천이성 비판》

욕망에 휩쓸리지 말고
내면의 도덕 법칙을 따르며
해방감을 만끽하라.

─임마누엘 칸트

고민 해결!

알아두면 쓸데 있는 철학 스토리

① 칸트의 윤리학을 살펴보면 인간의 내면에 양심이 있다는 전제를 다분히 내포하고 있습니다. 칸트는 독일의 경건한 프로테스탄트 가정에서 자랐습니다. 당연히 마음속에 신이 있다는 프로테스탄트 사상의 영향을 받을 수밖에 없었죠. 이 지점을 비판한 사람이 바로 헤겔입니다. "칸트가 말한 '양심'은 인간의 내면에 지나치게 집착한다. 그런 나머지 현실 사회의 규범이 옳은지 그른지 따지지 않고 처음부터 자명한 것으로 여긴다. 만약 반사회적으로 판단되는 사상(예컨대 소유권을 부정하는 사상)을 단순히 납득이 간다는 이유로 개인이 인정하고 내면의 규율로 삼아버린다고 하자. 칸트는 이것도 옳다고 생각할까?" 헤겔은 규범은 인간의 상호 관계 속에서 현실을 반영하면서 유동적으로 결정된다는 사실적인 도덕관념을 고안하고 칸트의 양심을 비판적으로 뛰어넘고자 했습니다.

② 칸트는 3대 비판서 중의 하나인 《판단력 비판》에서 윤리(도덕 법칙)와 미美를 결부해 설명하고자 했습니다.

"흔들림 없는 자신의 제원칙을 엄격히 따르고 마음에 정념이 없는 상태야말로 숭고하며 지극히 숭고하다. (…) 이러한 마음 본연의 모습만이 고귀하다고 말할 수 있다." 본문에 언급된 '해방감'이 바로 '숭고'와 '고귀'의 또 다른 표현이라고 할 수 있습니다.

■ 철학 × 책

《도덕형이상학 정초》, 1785

칸트의 주요 저작인 3대 비판서에 앞서 읽어야 할 입문서이다. 칸트의 도덕 철학이 처음으로 완결된 저서의 형태로 나온 것으로 그의 도덕 철학의 완성작인 《실천이성 비판》, 《도덕 형이상학》을 이끌어내는 단초가 된다. 우리가 일상적으로 경험하는 도덕성에서 출발해 우리 주변에서 접할 수 있는 구체적인 사례를 들어가며 논의를 이어가고 있으며, 각 장의 분량도 짤막해 논지를 파악하기 쉽다. 칸트 도덕 철학의 핵심 사상이 빠짐없이 전개되고 있어 그의 도덕 철학을 이해하는 데 기초가 된다.

"온전히 슬퍼하는 것이 치유력을 발휘한다"

얼마 전에 동생이 불의의 교통사고로 세상을 떠났어요.
직접 키우다시피 한 자식 같은 동생이었는데 그 아이가
이제 세상에 없다니 믿을 수가 없어요. 그 어떤 친구보다
친했고, 그만큼 잘 따랐던 아이였는데.
이제 어떻게 살아야 하나요?

지그문트 프로이트 Sigmund Freud · 1856~1939

오스트리아의 정신 의학자. 인간의 무의식을 '이성적이고 과학적으로' 설명하려 시도한 최초의 인물이다. 프로이트는 인간이 합리적인 의식보다는 무의식에 지배받는다고 보고 감정과 본능의 영향력에 주목했다. 모든 것이 이성에 의해 진보하리라는 믿음이 지배적이었던 모더니즘 사회에서 무의식의 영역이 인간의 삶을 관장한다는 프로이트의 이론은 불온하게 여겨져 배척당하기도 했다. 그러나 이에 굴하지 않고 날카로운 관찰력으로 인간 심리를 해부해 '리비도', '오이디푸스 콤플렉스' 같은 개념들을 잇달아 제시하며 프로이트는 심리학뿐만 아니라 철학, 문학, 예술 등 여러 영역에 막대한 영향을 미쳤다. 오늘날 그는 니체, 마르크스와 더불어 20세기 현대 사상의 패러다임을 바꾼 대표적인 인물로 평가받는다. 주요 저서로 인간의 무의식으로 향하는 통로를 열어준 《꿈의 해석》(1899), 삶의 본능(에로스)과 죽음의 본능(타나토스)의 개념을 제시한 《쾌락 원칙을 넘어서》(1920) 등이 있다.

소중한 사람을 떠나보낸 사람은 어찌해야 좋을까요. 그저 우두커니 망연자실한 채 슬픔에 잠겨야만 할까요. 인간은 이다지도 상실 앞에서 무기력한 존재일까요.

그렇지 않습니다. 오스트리아의 정신 의학자 지그문트 프로이트는 오히려 **"슬픔은 힘이다"**라고 말합니다.

소중한 사람을 떠나보내고 겪는 슬픔의 변화 과정, 슬픔을 딛고 일어서는 감정의 변화 과정을 프로이트는 **애도 작업**mourning work이라고 불렀습니다. 사랑하는 사람이 이 세상 사람이든 아니든 상실의 슬픔을 극복하려면 애도 작업을 온전히 거쳐야 합니다.

프로이트는 슬픔의 원인을 **리비도**libido에서 찾습니다. 보통 리비도를 성욕과 동의어로 보는데, 이는 단순히 성욕만을 가리키는 말은 아닙니다. 인간뿐만 아니라 동물에게까지, 다시 말해 감정을 품은 대상에게 쏟는 마음의 에너지라고 정의해야 옳습니다. 좋아하고 아끼고 집착하는 대상이 있다면 그 대상에 리비도를 쏟아붓고 있다는 뜻입니다.

애도 작업은 슬픔을 치러내는 장기전입니다. 사랑하던 상대를 잊으려 해도 리비도의 강력한 저항에 부딪혀

좌절되기 일쑤입니다. 이 작업이 괴롭게 느껴지는 이유는
아무리 안간힘을 써도 마음의 에너지인 리비도가 상실한
대상에게로 다시 향하기 때문입니다.

> 사랑하는 이를 잃은 사람은 현실을 음미함으로써
> 사랑하는 이가 이내 존재하지 않는다는 사실을 확인한다.
> 그리하여 그 사람은 상실한 대상과의 결속에서 자신이
> 쏟아부었던 리비도를 방류하듯 모조리 흘려보내야
> 한다는 사실을 인식한다. 그런데 이 요구에는 저항이
> 뒤따른다. 본래 사람은 자기 리비도가 점하는 위상을
> 바꾸고 싶어 하지 않기 때문이다. 새로운 대상에게 이미
> 회유당했어도 이 저항은 빈번하게 관찰된다.
> ―《정신분석학의 근본 개념》

 떠나버린 대상에게 리비도가 고착되는 상황은 고통만을
안겨줄 뿐입니다. 일반적으로는 사랑하는 이가 더는 내
곁에 없다는 현실을 인정합니다. 그러나 슬픔에 깊이 잠겨
있는 사람은 현실을 외면합니다. 그리고 **상실한 대상, 결코
되돌아올 리 없는 상대에게 비합리적으로 마음의 에너지를
쏟아붓습니다.**

애도 작업을 거치는 사람이 상실한 대상에게로 향하는 리비도를 곧바로 방류시키기란 여간 어려운 일이 아니다. 특정 대상에 집중되어 있던 에너지를 오랜 시간에 걸쳐 서서히 대거 흘려보내는 수밖에 없다. 이 과정을 거치는 동안에도 상실한 대상은 여전히 마음속에 자리한 채 회고된다. 그러다가 어느 순간 이와 같은 감정이 정지되고 변형된다. 이윽고 쏟아부었던 리비도가 넘쳐흘러 방류시킬 수 있게 된다. ─《정신분석학의 근본 개념》

사랑하는 이를 잃고 침통함에 빠져 있더라도 오랜 시간이 흐르면 언젠가 슬픔에서 해방된다는 것이 프로이트의 설명입니다. 희망적인 프로이트의 이론을 좀 더 살펴볼까요.

'애도'는 대상이 죽었다고 설명하며 스스로 대상을 포기할 수 있도록 종용하고, 목숨을 부지하는 것이 유익함을 자기 자신에게 밝히는 것이다. ─《정신분석학의 근본 개념》

애도 작업이란 상실한 대상에게 리비도를 쏟아붓다가

오랜 시간에 걸쳐 흘려보내는 것입니다. 소중한 사람을
잃은 인간은 영원할 줄만 알았던 대상을 잃었기에 한없는
슬픔에 빠집니다. 눈물로 슬픔의 나날을 보내는 가운데, 즉
**상실한 대상에게 방대한 리비도를 쏟아붓는 와중에 '그래도
살아나가야지' 하며 마음을 추스르고 냉정함을 되찾습니다.**
슬픔이 쉽사리 사라지지는 않지만 상실한 대상과 거리를
두며 슬픔이 차츰 가라앉는 감정을 느끼게 됩니다. 슬픔이
상대를 그리는 애틋한 감정으로 바꾸어갑니다.

시간이 흘러 이윽고 그 사람은 떠나갔지만 나는 지금 내가
사는 세상에 발붙이고 살아가야 한다는 생각이 찾아듭니다.
프로이트는 이를 자기애라고 표현했습니다. 건전한
나르시시즘은 기나긴 슬픔의 수렁에 빠진 나를 현실 세계로
건져내줍니다.

◌ 상실과 함께 살아가는 법

애도 작업을 단적으로 보여주는 사례가 있습니다. 영국의
음악가 에릭 클랩튼은 1991년 네 살배기 아들 코너가
아파트 53층에서 떨어져 세상을 떠나는 비극을 겪습니다.

클랩튼은 슬픔에 빠진 나머지 두문불출한 채 아들의 죽음을 애통해하며 곡을 씁니다. 그렇게 탄생한 〈Tears in Heaven〉은 클랩튼의 음악 인생을 대표하는 명곡으로 길이 남습니다.[1] 그는 하늘나라로 떠난 아들을 그리워하며 노래합니다.

난 알고 있으니까, 여기 천국에 내가 속하지 않았음을 (…) 나는 나의 길을 찾을 거야, 밤낮없이.

에릭 클랩튼은 **지금도 여전히 아들을 사랑하지만 나는 이 세상에서 살아갈 수밖에 없다**는 메시지를 노랫말에 담았습니다. 후일 그는 다음과 같이 이야기합니다.

나는 거의 무의식중에 음악을 치료제처럼 써왔다. 그리고 그 효과는 실로 어마어마했다. 음악은 나를 치유했고 내게 수많은 행복을 안겨줬다.

클랩튼은 아들 코너가 사망한 지 13년이 지난 2004년에 이 곡을 더 이상 부르지 않겠다고 선언합니다.

아들을 보내줄 수 있게 됐다. 그 곡을 연주할 때마다 내

지그문트 프로이트

마음을 장악했던 상실감이 더 이상 느껴지지 않는다. 연주할 적에는 곡을 쓰던 때의 감정에 녹아들어야 한다. 곡을 쓰면서 느꼈던 상실감이 사라진 것이다. 그 상실감이 다시 찾아들지 않았으면 한다. 지금 내 생활은 달라졌다. 이 곡에게 휴식기를 줘야 할 듯싶다. 언젠가 감정적인 거리를 유지한 채 이 곡을 다시 선보일 날이 오리라 생각한다.

〈Tears in Heaven〉에 대한 클랩튼의 소회는 앞서간 자식을 향한 애도 작업이 종료되었음을 말해줍니다. 이처럼 온전히 슬픔을 겪어내고 애도 작업에 종지부를 찍기까지는 오랜 시간이 걸립니다. 수개월은 물론 수년, 클랩튼처럼 10여 년 이상이 소요되는 기나긴 과정입니다. 회복을 향한 여정은 무척이나 요원합니다.

프로이트의 이론을 계승한 정신 의학자 엘리자베스 퀴블러 로스는 **온전히 슬퍼하는 것 그 자체가 치유력을 발휘한다**고 말합니다.

최악의 상황 속에서도 인간은 희망의 올을 자아내는 힘을 지니고 있다. (…) 비탄 속에서도 삶을 회복할 힘이 있다.

—엘리자베스 퀴블러 로스, 《상실 수업》

눈앞의 슬픔에서 시선을 거두지 않고 가슴 절절히
슬퍼하고 탄식하는 것. 소중한 이를 잃은 사람이 할 수 있는
고귀한 행위입니다.[2]

오랜 시간에 걸쳐 한 걸음씩
'애도 작업'을 진척시켜 나가면 된다.

— 지그문트 프로이트

고민 해결! *jigm. freud*

알아두면 쓸데 있는 철학 스토리

① 붓다의 제자 키사 고타미와 파타차라, 아이들을 잃은 후
새로운 삶의 의미를 찾아나가는 여성의 이야기를 그린 오에
겐자부로의 《인생의 친척》, 무라카미 하루키의 단편소설
〈하나레이 해변〉 등 고대부터 현대에 이르기까지 문학과
철학은 이러한 고통을 주제로 다뤄왔습니다.

부유한 가정에서 태어난 파타차라는 남편과 두 자녀를
잃고 부모 형제까지 한꺼번에 떠나보내는 불상사를 잇달아
겪습니다. 부모와 형제의 부고를 전해 듣고 실성한 그녀는
오열하며 알몸으로 거리를 헤맵니다. 그런 그녀에게 붓다가
말합니다. "인간은 본디 부모 형제와 남편과 아이들을
의지하며 살아서는 안 된다. 인간은 오로지 법(다르마dharma)과
자기 자신을 의지해야 한다. 태어나면 죽고 만나면 헤어지는
법이다. 인간은 태어나고 늙고 병들어 모두 죽는다. 언젠가
나도 그대도 죽을 것이다. 진정하고 주위를 둘러보라.
사랑하는 이와 이별을 겪지 않은 사람이 어디에 있단
말인가." 붓다의 말에 그녀의 슬픔이 수그러들기 시작합니다.
파타차라는 그길로 출가하여 수행에 매진했고 머잖아 수많은

연애와 결혼

비구니들이 따르는 성자로 다시 태어납니다.

프로이트도 딸 조피를 잃고 자기만의 '애도 작업'을 거쳐야 했는데요. 이후 그는 이때의 경험을 바탕으로 자신의 정신 분석 이론을 한층 깊이 발전시키며 《쾌락 원칙을 넘어서》를 발표합니다. 프로이트는 손자 에른스트의 행동을 관찰하면서 이 논문을 구상하게 되었습니다. 프로이트의 딸이자 에른스트의 엄마였던 조피가 세상을 떠나자 어린 손자 에른스트는 실을 감는 도구인 실패를 장난감 삼아 방구석에 던져 시야에서 사라지게 했다가 끌어당겨 시야에 다시 나타나게 하는 놀이를 반복했습니다. 엄마의 부재에 상처받은 손자가 그 상처를 수없이 스스로 재현하는 모습을 보고 프로이트는 이 현상을 '반복 강박'이라고 일컬었습니다. 그리고 사람은 생존 목적에 부합하는 삶의 본능과 쾌락 원칙만으로 살 수 없다고 생각했습니다. 쾌락 원칙의 반대편, 즉 자신에게 상처를 입히고 고통으로 몰아넣는 죽음의 본능(타나토스) 또한 삶의 본능에 영향을 준다는 이론을 펼치며 인간에 대한 이해를 심화시켰습니다. 앞서 나온 니체의 이야기를 통해 살펴보았듯 고통스러운 과거가 생생히 떠오른다는 고민 역시 반복 강박을 여실히 드러내주는 사례입니다. 영원 회귀의 어두운 일면이기도 하지만 앞서

지그문트 프로이트

살펴보았듯 부정하지 말고 기꺼이 받아들여야겠죠.

② 정신 의학자 엘리자베스 퀴블러 로스는 임상의로서
현장에서 직접 환자들을 대하며 죽음을 정면으로 마주하자는
운동을 펼쳤습니다. 이후 미국에서 말기 암 환자에게 암을
통보하는 선고율이 올라갔습니다. 죽음이 임박한 환자가
겪는 죽음의 과정 5단계(부정, 분노, 타협, 우울, 수용)를 제시한
그녀는 타자의 죽음을 받아들여야만 하는 사람들에게도
마찬가지로 죽음의 수용과 애도 작업을 권합니다. 소중한
대상을 잃었는데 밝은 척하며 포장하거나(조적방어manic
defense), 다른 대상으로 메꾸며 슬픔을 부인하면 나중에 심한
우울 상태에 빠져 고통받을 가능성이 높다며 프로이트의
이론을 바탕으로 경고합니다.

《사람은 왜 전쟁을 일으키는가》, 1932

전쟁의 세기를 살다 간 20세기 최고의 두 지성 프로이트와 아인슈타인의 서한집. 국내에는 《어떻게 전쟁을 끝낼 것인가》라는 제목으로 출간되었다. 미국에서 시작된 대공황의 영향으로 파시즘이 전 세계를 휩쓸던 시기에 국제 연맹은 아인슈타인에게 "인간에게 가장 중요한 문제는 무엇이고, 그 문제를 두고 가장 이야기를 나누고 싶은 상대가 누구인가?"라고 물었고 아인슈타인은 "가장 중요한 문제는 전쟁이며, 프로이트의 답을 듣고 싶다"고 답했다. 이 책은 반전을 주제로 프로이트와 아인슈타인이 교환한 편지의 내용에 각각이 발표한 반전 비평, 영국의 《타임스》, 프랑스의 《피가로》에 연재된 톨스토이의 러일전쟁 반박문을 엮은 형식으로 구성되어 있다.

인생은 비참하다.
고독과 고통으로 가득하다.
그리고 인생은 너무 빨리 끝나버린다.

— 우디 앨런

V. 인생

"사소한 일들이 일상에 가져다주는 기쁨"

매일 아침 똑같은 시각에 어김없이 회사로 출근. 도무지 끝이 안 보이는 업무의 무한 루프. 일과 후에는 푸념을 안주 삼아 동료들과 한잔. 술 냄새, 고기 냄새 진동하는 지하철에 몸을 싣고 겨우 퇴근.

이게 정녕 삶이란 말입니까?

도겐의 고민 상담

도겐道元·1200~1253

신란, 니치렌과 함께 가마쿠라 불교를 대표하는 선승. 가마쿠라 시대에 교토의 귀족 집안 자제로 태어났다. 어린 나이에 부모님을 잃고 13세에 출가해 히에이산比叡山으로 들어갔다. 24세 때 구도의 뜻을 더욱 강하게 굳히며 송나라로 유학을 떠나 평생의 스승 여정如淨 선사를 만나게 되면서 좌선에 전념한다. 5년 뒤 수행을 마치고 일본으로 돌아와 '끊임없는 좌선이 곧 깨달음'이라 설파하며 사찰 고쇼지興聖寺, 에이헤이지永平寺 등을 창건했다. 기존 종단의 견제에도 굴하지 않고 무려 95권에 이르는 불교 이론서 《정법안장》을 쓰기 시작해 죽기 직전까지 손에서 놓지 않았다.

판에 박힌 일상에 헛헛함을 느끼는 사람들이 적지
않습니다.

일본의 불교 종파인 조동종曹洞宗의 창시자이자 일본을
대표하는 종교 철학자 도겐은 **평범한 일상 속에 인생의
'깨달음'을 얻을 수 있는 기회가 잠재해 있다**고 말해줍니다.
**시시콜콜하고 잡다하고 평범한 일이야말로 깨달음에 이르는
수행**이라고 이야기하죠.

도겐은 가마쿠라 시대를 대표하는 가장 명석한 승려였으며
순수하게 좌선에 힘쓸 뿐 그 외에는 일체 관심을 두지 않았던
구도자였습니다.

당시 불교계의 엘리트들이 밟았던 관례를 따라 도겐도
중국으로 유학을 떠납니다. 송나라에서 수증일여(修證一如.
끊임없는 수행 이외에 깨달음을 보전할 방법은 없다),
지관타좌(只管打坐. 오로지 좌선하라)에 대한 일념으로 좌선에
전념합니다. 위대한 승려들이 남긴 말씀을 익히는 것이
선승이 걸어야 할 구도의 길이라고 생각하며 날마다 수양에
정진합니다.

중국의 천동사에서 수행에 한참 침잠하던 어느 여름날,
도겐은 점심식사를 마치고 복도를 걸어가다가 연로한

전좌승(식사를 맡아 보는 승려)이 불당 아래서 표고버섯을
말리는 광경을 우연히 보게 됩니다.

> 노령의 전좌승이 한여름 뙤약볕 아래 구슬땀을 흘리며
> 고역스러운 듯 숨을 시근덕거리며 표고버섯 말리기에
> 몰두하고 있습니다.
> 도겐이 불쑥 "어째서 스님 같은 고승께서 이런 잡무를
> 자처하시는지요. 다른 시자들에게 분부하지 않으시고요."
> 하고 묻자, 늙은 전좌승은 "다른 이에게 시키면 의미가
> 없지 않은가." 대답하고는 다시 땡볕 아래서 묵묵히
> 표고버섯 말리는 작업에 열중합니다.
> "말씀하신 바는 지당하나 굳이 이런 더위에 하실
> 것까지는…." 하고 도겐이 말하자, 전좌승은 "지금 하지
> 않으면 언제 하겠는가."라고 대답합니다.
> 연로한 전좌승의 모습을 보며 도겐은 침묵할 수밖에
> 없었습니다. ―《전좌교훈·부죽반법》

이 일을 계기로 도겐은 깨달음에 대한 자신의 이해 방식에
문제가 없었는지 돌아보게 됩니다. 그간 좌선에 몰두하고
고승이 남긴 말씀과 불전을 익히는 것만이 수행이라고

확신했지만 과연 진정으로 그러한가, 하고 의문을 품게 된 것이죠. 연로한 전좌승이 노쇠한 몸으로 식사를 주관하는 소임을 다하려 자기 일에 골몰히 집중하는 모습을 보며 사실상 일상의 모든 일이 수행이며 구도의 길이라는 생각을 하게 됩니다. 이때부터 도겐은 일상의 행위 하나하나를 수행으로 여기며 좌선과 동일선상에서 바라봅니다.

우리가 수행하는 대부분의 일상 행위들은 무언가를 위한 수단이 되고 맙니다. 회사에서 업무 약속을 잡는다고 해봅시다. 약속을 잡는 것은 거래처와 협상안을 조정하기 위해, 협상안을 조정하는 것은 오늘 하루를 무사히 마치기 위해, 오늘 하루 무사히 마치는 것은 상사에게 책잡히지 않기 위해, 상사에게 책잡히지 않는 것은 진급 심사에서 감점당하지 않기 위해, 심사에서 감점당하지 않는 것은 안정적인 생활을 위해, 이처럼 모든 일이 어떤 목적을 위해 꼬리에 꼬리를 물고 이어집니다. 우리는 이 사슬에 갇힌 채 수단으로서의 행위를 끝없이 거듭해나갑니다.

좌선이란 그 사슬을 끊어내는 것이며, 그 자체로 완결된 행위이며, 다른 목적을 지니지 않는 것입니다. 표고버섯을 말리듯 다른 목적을 지니지 않는 작업은 좌선과 동일한 효과를 냅니다. 이런 이유로 선사에서는 음식 조리와 청소 등의 사무를 좌선과 동일시하며 사무 그 자체를 충실한 행위로서 중시합니다. 늙은 전좌승이 열중하는 모습은 **무언가에 유용하고 유익하리란 생각을 단념하라, 지금 여기에 있는 나에게 철저히 집중하라**는 가르침을 줍니다.

○ 모든 방법을 잊고
그저 해본다

이와 같이 도겐은 선사에서 밥을 짓는 예법(전좌)뿐 아니라 밥을 먹는 예법(부죽반법), 세안과 양치, 청소, 화장실에서의 몸가짐까지 하나하나 정성스럽게 행할 것을 일러둔 지침서를 씁니다. 도겐이 중시했던 이러한 일상 행위들에 빠짐없이 '손'이 관계하고 있다는 사실에 주목하기를 바랍니다.

불도가 지향하는 궁극의 목표는 '나란 존재는 무엇인가'라는 질문의 의미를 깨치는 것입니다. 그렇다고 해서 나를 무언가로 정의하라는 의미는 아닙니다. 오히려 도겐은 **나를 잊는 것**이라고 힘주어 말합니다.

인생

손을 움직이는 잡무는 곧 손이 닿은 것과 일체화하는 행위입니다. 잡무를 수행하면서 자기 자신을 잊을 수 있죠.

양치질을 예로 들어봅시다. 칫솔질에 집중하다 보면 나의 칫솔과 칫솔이 문지르는 대상인 치아가 서로 동조해 일체화합니다. 칫솔이 치아에 쓸리며 나와 대상의 경계선이 허물어집니다. 이런 융화의 감각을 주객미분主客未分이라고 일컫습니다. 줄곧 나를 향하던 생각이 어디론가 자취를 감추고 **자의식이 줄어드는** 효과를 보는 것입니다.

청소를 하고 밥을 짓고 화장실에 가고 이를 닦는 이런 일상다반사들이 자기 자신을 잊는 좌선과 동일한 효과를 발휘합니다. 현실 생활에서 실현하기 쉬운 형태로 이미 우리 삶에 드러나 있죠.

잡다한 일을 하는 가운데 아무런 여념 없이 오로지 손을 쓰며 자기 자신을 잊어갑니다. 심신을 탈락시켜 깨달음으로 몰입해가는 과정. 이렇듯 우리 일상에 넘쳐나는 잡다하고 평범한 일들은 실은 훌륭한 수행인 동시에 **움직이는 좌선**인 셈입니다.

귀찮아서 차일피일 미루고 수습은커녕 왜 해야 하느냐고 툴툴거리던 일이 있다면 일단 그런 생각을 잊고 성심껏

임해봅시다. 평소 청소할 때 지나쳤던 부분을 말끔하게
치우고 오랫동안 닦지 않았던 물건을 닦아봅시다. 언젠가
버려야지 생각하고 쌓아둔 물건을 정리하고 세간 가짓수를
줄여봅시다. 정성스레 우려낸 육수를 넣어 밥을 지어봅시다.
회사에서 일정을 조정하거나 문서를 작성할 때 세부사항을
살피며 꼼꼼히게 처리해봅시다.

우리가 회사나 가정의 잡무를 움직이는 좌선으로 파악하고
목적을 품지 않은 채 전심전력으로 수행한다면 **어느새 우리의
마음속에는 부처가 깃들 것입니다.** 사소하게 보일지 모르나
이런 사소한 일들은 분명 우리 인생에 기쁨을 가져다줍니다.

일상의 모든 것이 선禪이다.

— 도겐

고민 해결! 道元

인생

《전좌교훈·부죽반법》

난해하고 추상적인 《정법안장》과 달리 식사법을 통해 선을 쉽게 풀어 냈다. 무슨 일이든 몸과 마음을 다해 몰두하는 것이 '좌선'이며 '깨달음'이라는 가르침을 준다. 좀 더 깊이 파고들고 싶다면 도겐을 비롯해 온갖 동양사상을 '분절·비분절'로 모조리 파헤친 이즈쓰 도시히코의 《의식과 본질》을 추천한다.

《 직감의 목소리를 경계하라 》

연애로 끝낼지 결혼까지 갈지, 직장인이 될지 창업가가
될지, 스카우트 제의를 수락할지 말지, 안정을 택할지
모험을 택할지…. 중요한 기로에 설 때마다 어떤 선택이
후회 없는 선택이 될지 망설여져요. 그런데 오늘 점심
메뉴부터가….

대니얼 카너먼의 고민 상담

대니얼 카너먼 Daniel Kahneman · 1934~

사상 최초로 노벨 경제학상을 수상한 천재 심리학자. 1934년 이스라엘 텔아비브에서 태어나 예루살렘히브리 대학교에서 심리학과 수학을 공부한 뒤 미국 캘리포니아 대학 버클리 캠퍼스에서 심리학 박사 학위를 받았다. 1969년 히브리 대학의 대학원에서 강의를 할 시절에 아모스 트버스키를 만나 판단과 의사 결정에 관한 공동 연구를 진행했다. 1971년 〈작은 수의 법칙에 대한 믿음〉을 시작으로 1996년 트버스키가 사망할 때까지 두 사람은 9편 이상의 논문을 공동으로 발표하며 학계의 주목을 받았다. 심리학 실험 방법을 이용해 경제 주체의 의사 결정이 반드시 합리적으로 이루어지는 것은 아니라는 '준합리적 경제이론, '전망 이론'을 주창하며 고전 경제학의 프레임을 뒤엎은 '행동경제학'을 창시했다. 2005년 이스라엘 국민이 뽑은 '역사상 가장 위대한 이스라엘인'으로 선정되었고, 《블룸버그》 선정 '세계 금융 분야에서 가장 영향력 있는 50인'에 이름을 올렸다.

인생은 어려운 선택의 연속입니다.

일이나 결혼이냐. 결혼한다면 이 사람이냐 저 사람이냐.
회사를 다니느냐 홀로서기를 하느냐. 창업 제안을
받아들이느냐 거절하느냐. 안정이냐 모험이냐. 부모님
간병을 내 손으로 하느냐 남의 손에 맡기느냐. 암 환자라면
수술을 받느냐 마느냐.

이런 중대한 결단 외에도 우리는 날마다 결정을 내려야
하는 순간에 직면합니다. 이 문제를 상사와 논의해야 하는지,
술자리에서 상사의 비위를 맞춰가며 모시느냐 가족과의
시간을 보내기 위해 곧장 집으로 가느냐 등등.

사안이 사소하든 중요하든 어떤 상황에서나 선택은
어렵습니다. 깊이는 달라도 언제나 크고 작은 **괴로움**이
뒤따르죠. 그럴 때마다 나의 선택을 뒷받침해줄 수 있는
이론적 버팀목이 있다면 참 좋을 텐데 말이죠.

족집게처럼 최적의 정답만을 골라주는 알고리즘은 없으나,
결정에 참고할 만한 지침은 존재합니다.

인지 과학을 기반으로 행동 경제학이란 새로운 학문
분야를 개척한 카너먼의 전망 이론Prospect Theory입니다.[1]

대니얼 카너먼

결론부터 말하자면 전망 이론에서는 **인간은 합리적인 판단을 할 수 없다**고 이야기합니다. 카너먼은 이 사실을 실제로 증명하기 위해 몇 가지 실험을 진행했습니다.

다음은 카너먼이 진행한 실험을 재구성한 것입니다. 눈앞에 버튼 두 개가 있다고 가정합시다. a버튼을 누르면 80% 확률로 4000달러를 받는다. b버튼을 누르면 100% 확률로 3000달러를 받는다. 실험 참가자는 과연 어떤 선택을 할까요? 여러분이라면 어떤 버튼을 누를 것 같나요?

실험 결과, **대다수의 사람들이 b버튼을 선택한다**고 합니다. 하지만 통계학적 개념인 기댓값(얻을 수 있는 수익×확률)에 따르면 어느 선택지가 합리적일까요? a버튼의 경우 기댓값은 3200달러(4000달러×80%), b버튼의 경우 3000달러(3000달러×100%)입니다. **즉 a버튼의 기댓값이 더 높다는 것이지요.**

그럼 a버튼을 누르면 80% 확률로 4000달러를 잃는다. b버튼을 누르면 100% 확률로 3000달러를 잃는다.

위와 같이 조건을 바꿔봅시다. 어떤 결과가 나올까요?

이번에는 a버튼을 선택한 사람이 많았다고 합니다.

마찬가지로 기댓값을 계산해보면 a버튼의 경우 손실은 3200달러(4000달러×80%), b버튼의 경우 3000달러(3000달러×100%)가 발생해 b버튼이 수치적으로 손실이 적은 선택지입니다. 그럼에도 불구하고 실험 결과에서는 a버튼을 선택하는 사람이 많습니다. 여러분의 선택도 별반 다르지 않았을 것입니다.

카너먼은 이 실험을 통해 가치 함수를 발견합니다. **"인간은 이익에 관해서는 확실한 선택지를, 손실에 관해서는 위험을 무릅쓰는 선택지를 택하는 경향이 있다"**는 결론을 도출합니다.

어째서 사람은 합리성에 근거한 선택 기준인 기댓값과 반대되는 선택지를 택하는 걸까요?

카너먼은 **"인간은 손실로 인한 고통을 더 크게 느낀다"**고 말합니다. 가치 함수에 따르면 **이익과 손실이 동일할 경우에 이익으로 얻는 기쁨보다 손실로 느끼는 불만족이 2.25배 크다**는 결과가 나온다고 합니다.

'놓친 물고기가 더 커보인다'는 속담도 인간의 심리를 잘 나타냅니다. 인간은 손해를 원치 않는 감정적인 동물입니다.

대니얼 카너먼

손해로 인한 고통을 피하기 위해 때로는 합리적이지 않은 선택을 내리는 것이죠.

전망 이론 이외에도 인간이 합리적 판단을 하지 못한다는 사실을 방증하는 사례가 있습니다.

컬럼비아 대학에서 선택의 심리학을 전문으로 가르치는 쉬나 아이엔가 교수가 진행한 실험을 살펴봅시다. 이 실험에서는 식료품점의 시식 코너에서 각각 24가지 잼과 6가지 잼을 진열한 경우를 비교합니다. 6가지를 진열했을 때는 시식한 손님의 30%가 제품을 구매했지만, 24가지 잼을 나열했을 때는 불과 3%만이 제품을 구매했다고 합니다.

이 실험에서 알 수 있는 사실은 무엇일까요? **선택지가 많으면 많을수록 더 많은 자유가 주어지는 듯하지만 이는 외려 선택을 어렵게 만들 뿐이며, 결국 선택 자체를 포기하게 만든다**는 것입니다. 일명 '선택 마비'라고 합니다.[2]

빠르게 생각하기 vs 느리게 생각하기

살다 보면 스스로 내린 결단이 예기치 않게 발목을 잡는 경우가 있습니다. 이를테면 자승자박으로 **자기가 내린 결단 때문에 도리어 앞으로 나아가지 못하게 됩니다.**

익숙한 사례를 들어볼까요. 대학이든 회사든 몇 년을 다녀보니 도통 맞지 않는다는 것이 확실한데도 불구하고 자기가 선택한 진로라는 이유로 그만두지 못합니다. 이는 자신의 선택을 한결같이 유지하려는 일관성에 얽매인 행동입니다. 삶이란 유한한 법인데 손실이 두려워 끌려다니기만 하다가 비합리적으로 인생을 망치고 맙니다.

흔히들 "내가 내린 선택이 가장 자기답고 멋진 선택"이라고 말합니다. 그러나 앞서 행동 경제학과 선택의 심리학에서도 살펴보았듯 스스로 내린 선택 자체가 합리적이라고 단정할 근거는 어디에도 없습니다.

사람은 합리적으로 판단을 내리기 어려울뿐더러 선택지가 늘어나면 판단 자체를 하지 못한다는 사실이 증명되었습니다. 선택이란 무척이나 어려운 일입니다. 번갯불에 콩 구워 먹듯 선택을 재깍재깍 해내는 사람은 없습니다. 그래서 때로는 우유부단해질 수밖에 없죠.

만일 어느 한쪽을 선택하기 어려울 때는 양쪽을 모두 택하는 방법도 있습니다.

대니얼 카너먼

그렇지만 현실에서는 대체로 하나의 선택지를 결정해야만 하는 상황에 부딪힙니다.

사업을 운영한다면 현장 경험을 토대로 상황에 맞게 매뉴얼을 만들고 보완해나가는 방법도 있겠지만 일생일대의 결단을 내려야 하는 상황이라면 이야기가 다릅니다. 완전히 납득하지 못한 상태에서 '에라 모르겠다' 하고 직감으로 선택하는 것은 금물입니다.[3]

선택지 앞에 무엇이 기다리고 있을지 모르겠다거나 석연찮은 부분이 있다면 그 사안이 좀 더 명확해질 때까지 판단을 유보해야 합니다. 최후의 최후의 최후까지 간 후에 결정해야 합니다. 경우에 따라서는 판단을 타인에게 맡기는 것도 하나의 방법입니다.

왜 그럴까요? 사람의 판단력에는 한계가 있고, 비합리를 범할 위험을 내포하고 있기 때문입니다.

내 능력 밖의 판단은 과감히 유보해야 합니다. 속전속결을 미덕으로 여기는 사회 분위기나 통념으로 인해 지금 당장은 우유부단하게 보일지라도요. 카너먼은 직감으로 결단을 내리는 즉흥적 사고(시스템 1의 사고)만큼 **심사숙고 후 내리는 진중한 사고(시스템 2의 사고) 역시 중요하다고** 강조합니다.[4]

A냐 B냐, 양자택일이라는 선택지를 받아들일 수 없다면 포기하지 말고 끈질기게 매달려 자기에게 맞는 C 내지는 D의 방안을 강구해야 합니다. 그런 삶에는 분명 후회란 없을 것입니다.

그릇된 직감의 목소리는
크게 들리고
이성의 목소리는
작게 들린다.

— 대니얼 카너먼

고민 해결!

대니얼 카너먼

알아두면 쓸데 있는 철학 스토리

① 철학의 이웃 학문으로는 이제까지 프로이트와 라캉의
정신 분석학을 비롯해 사회학, 종교학, 문화 인류학 등이
꼽히고는 했는데요. 최근 들어 영어권에서 이웃 학문의
범위가 더욱 확대되면서 기존의 철학도 폭넓은 시야를
확보해야 할 과제를 떠안게 되었습니다. 예를 들자면 대니얼
데닛과 존 설의 인지 과학이나 마음의 철학, 레다 코스미즈와
스티븐 핑커의 진화 심리학·진화 생물학, 더 나아가 종교학과
임상 심리학에서 파생한 아툴 가완디의 사생학 등을 꼽을
수 있습니다. 외국은 연구자가 인문 계열에 국한하지 않고
복수로 다른 분야를 전공하는 일을 당연시하는 추세입니다.

② 자본주의가 발달한 우리 사회에서는 선택지가 넘쳐나서
부족함만 못한 상태에 빠지기 쉽습니다. 구동독처럼 과거
공산주의 체제를 경험한 국가에서 적잖은 사람들이 자유가
제한되고 정해진 선택지가 주어졌던 사회주의 시대를
그리워한다고도 합니다.

   마케팅으로 유명한 세계적 기업 P&G가 26가지에 달했던

인생

샴푸를 15가지로 가짓수를 줄이고 판매고를 10% 높였다는 분석 결과도 있습니다. 고도로 발달한 자본주의 경제가 의도적으로 선택지를 줄이는 사회주의 국가식 가치관을 끌어들이는 사례라고 볼 수 있습니다.

③ 카너먼은 《안티프래질》로 널리 알려진 철학자 나심 니콜라스 탈레브의 영향을 받기도 했습니다. 카너먼은 '이번에도 앞서 선택한 방식을 따르자'는 사고 습관이 인간에게 있다면서, 이러한 서사의 일관성을 만들어내는 행위 역시 비합리적인 것이라고 이야기합니다.

사회 심리학 고전 《설득의 심리학》에서는 '전에 이랬으니까 다음에도 이럴 거야' 식의 경험에 의존해 미래를 예측하는 행위, 다시 말해 일관성에 지나치게 얽매이면 중요한 진실을 간과할 수 있다고 경고합니다.

여러 철학자들을 제치고 이미 수백 년 전에 이 분야를 선점했던 철학자가 있습니다. 18세기 영국의 경험 철학자 데이비드 흄입니다. 그는 인간에게는 확고한 본질로서의 자아가 존재하지 않으며, 인간은 그때그때 자각들이 모인 꾸러미에 불과하다고 생각했습니다. "불에 손을 대면 화상을 입는다고 말하는데, 다음번에도 불에 손을 대서 똑같이

화상을 입지 않으리란 보장이 있나"라는 회의적 인간관을
내놓았습니다.

16세기 모럴리스트 몽테뉴 역시 회의주의 입장에 서서
인간 한 명의 앎은 그야말로 뻔하디뻔한 것이라면서 독단을
뒤집으라고 말했습니다. 허무맹랑한 유추로 섣불리 결단하지
않는 것은 과학에서도 인생에서도 중요한 태도입니다.

④ 사람들은 흔히 인간의 지능이 이성적 사고에 기반한다고
믿지만, 실은 별 생각 없이 행동하고 선택하는 경우가 더러
있습니다. 인간의 사고 체계를 시스템 1과 시스템 2로
나누고 전자 안에 합리적 판단을 둔화시키는 인지
편향(오류)이 있다는 카너먼의 주장에 대해 독일 막스플랑크
인간발달연구소의 소장 게르트 기거렌처는 다음과 같이
맞받아칩니다.

"통계 수치, 과학적 증거가 아닌 경험이나 직관에 의해
의사를 결정하는 방식인 휴리스틱은 인간의 뇌가 오랜
진화를 거쳐 오며 환경에 적응하기 위해 개발한 비밀 병기다.
이는 이성적인 판단과 생각을 하기 어려울 때 우리가 최대한
살아남기에 유리한 판단을 할 수 있도록 한다. 판단을 내리기
위해 더 많은 정보, 더 복잡한 공식, 더 많이 배운 전문가를

찾는 행위는 오히려 문제가 되기 쉽다. 최소한의 정보, 간단한 공식, 직관을 무기로 위험을 판단하는 방법을 배우면, 보다 빠르고 현명하게 판단할 수 있다."

■ 철학 × 책

《생각에 관한 생각》, 2011

고전 경제학의 프레임을 뒤엎은 행동 경제학의 창시자 대니얼 카너먼의 첫 대중 교양서이자, 행동 경제학과 인지 심리학의 바이블이라 할 수 있는 책. 인간의 생각이 작동하는 원리와 그 진실을 총 5개의 장을 통해 풀어낸다. 우리가 잘못된 선택을 하도록 만드는 사고의 원리를 분석하고 그와 같은 생각의 오류를 어떻게 활용할 수 있는지 소개한다.

대니얼 카너먼

"내면을 깊이 일구는 법"

완벽히 혼자이고 싶은 때가 여전히 많지만, 그렇다고
외롭고 싶지는 않아요. 그런데 요즘 들어 부쩍 외로움을
많이 느끼는 것 같아요. 만일 이렇게 혼자 외롭게 평생을
지내다가 아무도 모르는 사이에 사라지는 건 아닐지
무서워요.

아르투어 쇼펜하우어의 고민 상담

아르투어 쇼펜하우어 Arthur Schopenhauer · 1788~1860

헤겔을 중심으로 한 독일 관념론이 맹위를 떨치던 19세기 초반, 이에 맞서 의지의 철학을 주창한 생의 철학자. 1788년 독일 단치히에서 태어났다. 1809년 괴팅겐 대학교에 입학해 자연 과학과 의학을 공부하다가 철학으로 관심을 돌려 베를린 대학에서 본격적으로 철학을 연구하기 시작했다. 칸트의 인식론과 플라톤의 이데아론, 인도 철학의 범신론에서 많은 영향을 받은 쇼펜하우어의 사상은 니체를 거쳐 생의 철학, 실존철학 등에 영향을 미쳤다. 1818년 독창적인 의지 철학과 인생에 대한 날카로운 시각을 담은 일생의 역작 《의지와 표상으로서의 세계》를 발표하지만 학계의 주목을 받지 못했다. 베를린 대학에서 강의할 기회를 얻은 후에도 당시 큰 인기를 끌던 헤겔의 강의에 밀려 사직하고 은둔 생활을 하며 집필 활동에 집중했다. 1848년 시민혁명(독일의 3월 혁명)이 실패로 돌아간 이후에 비로소 각광을 받기 시작했다.

50세가 될 때까지 한 차례도 결혼한 경험이 없는 인구의 비율을 의미하는 '생애 미혼율'과 황혼 이혼이 늘어만 가는 오늘날, 고독사에 대한 불안감은 나날이 높아지고 있습니다. 독신을 비롯해 수많은 사람들이 일상생활에서 **고독감**을 호소합니다.

이 문제에 해답을 제시하고 있는 철학자 쇼펜하우어는 다음과 같이 이야기합니다.

> 고독을 견디지 못하고 외롭다는 이유로 다른 사람과 함께 있어봤자 별 소용이 없다. —《소품과 부록》

쇼펜하우어는 염세주의(페시미즘pessimism) 철학을 대표하는 존재로 알려져 있습니다.

염세주의란 세계와 역사에 의미나 목적 따위는 없다고 주장하는 철학 사유입니다. 염세주의에 따르면 개개 생명체는 자신의 후손을 남기려는 유전자의 운송 수단에 불과합니다. 그저 **존재하고 싶다는 생에 대한 맹목적 의지와 욕망**만이 있을 뿐이며, 욕망들이 뒤죽박죽 얽히고설켜 카오스 상태를 초래하고 영원히 무익한 대립을 반복할 뿐입니다.

아르투어 쇼펜하우어

이 세상은 행복감과 충족감을 기대할 수 없는 허무한 세계에 불과하다면서 긍정적·적극적 가치를 인정하지 않는 세계관입니다.

이런 세계관을 지닌 쇼펜하우어에게 사람과의 교제란 다른 사람에게 맞추기 위해 자신을 버리는 일이었습니다.

> 사교계란 것은 인간이 상호 간에 순응하고 서로 억제하기를 요구한다.
> 억제라는 것은 일반적으로 사교와 떼려야 뗄 수 없는 관계다.
> 사교는 희생을 요구한다. 자기의 4분의 3을 버려야만 한다. ―《소품과 부록》

주위에 연인과 친한 친구들이 넘쳐나도 이 사실은 변함없습니다. 쇼펜하우어는 "우정이나 사랑이나 부부관계가 사람과 사람을 자못 가깝게 엮어주지만" 그럼에도 "완전히 융화될 수 없다"고 말합니다. 왜냐하면 "개성은 물론 기분이 서로 다른 탓에 반드시 부조화가 생겨나기 때문"입니다.

외로움이 사무치고 사람이 그립고 말 상대가 간절해서 막상 연락하거나 얼굴을 보아도 서로의 기분이나 상황 또는

인생

관심사가 들어맞지 않는 경우가 종종 생깁니다.

그 이유는 당연히 상대가 **남이기 때문**입니다.

나와 상대의 관심사가 다르기 때문에 결국 상대에게 맞춰주거나 상대를 의식하게 됩니다. **끝내 속 깊은 이야기를 하지 못하고 서로가 공감할 만한 최소한의 공통분모를 찾는 데 그치고 맙니다.**

그러다 보면 이런 자괴감에 빠지기도 하지요.

'이것은 진정한 나다움을 희생하는 일이 아닐까?'

'이렇게까지 해서 다른 사람과 함께 있어야 할까?'

'이런다고 정말로 고독감을 달랠 수 있을까?'

○ 나와 마주하는
고독의 시간을 찾아서

인간은 무리를 짓고 싶어 합니다. 고독을 기피하고 자기를 버려가면서까지 사회로 향하는 피치 못할 군거본능을 끌어안고 있습니다. 쇼펜하우어도 인간이란 선천적으로 외로움을 타는 존재이기에 타인과 함께하고 싶어 하는 본능

아르투어 쇼펜하우어

또는 충동을 타고났다고 인정합니다.

외로움을 느끼는 것은 **나다움이 없기 때문**이며, 자기
내면이 궁핍하기 때문이며, 우리 인간이 단편적인 존재에
불과하기 때문이라고 쇼펜하우어는 딱 잘라 말합니다.
　인간이 고독감을 고통스럽게 받아들이는 이유는 인간의
내면이 공허하고 빈약하기 때문이라는 것이죠.

> 자기 내면의 공허함과 단조로움이 만들어낸 사교에 대한
> 욕구가 인간을 결집시킨다. ─《소품과 부록》

쇼펜하우어는 "이 지상에는 말도 붙일 가치가 없는
사람들이 우글거린다"라는 볼테르의 말을 인용하기도
하면서 "무리를 지음으로써 자기 내면의 궁핍함을
눈가림한다"며 사교 활동을 비난하는 태도를 숨김없이
드러냅니다.
　속세에 등을 돌렸던 염세주의 철학자답게 그의 말에는
무리 짓는 사람들에 대한 경멸이 깔려 있습니다.

그가 모진 말을 서슴없이 내뱉은 데는 나름의 속사정이

있습니다. 19세기 독일 베를린 대학에서 강사직을 얻은 쇼펜하우어는 동료였던 스타 철학자 헤겔의 인기에 밀려 대학을 떠나게 됩니다. 이후 재야에서 활동하며 반평생을 은둔한 채 집필에만 몰두했습니다.

세상과 담을 쌓고 살았던 그는 사람들이 모이는 파티나 살롱 문화를 향해 공격적인 태도를 보였습니다.

그가 존경하는 아리스토텔레스도 **행복은 자기에게 만족할 줄 아는 사람의 것이다**라고 말했죠. 여기에는 하나의 명백한 진실이 있습니다.[1]

쇼펜하우어는 아리스토텔레스의 격언을 이어받아 말합니다.

> 행복의 기본은 자기 외부에서 그 무엇도 기대하지 말며 자기 내부에서 발견하여 누리는 것이다.
> 오로지 자기 자신만을 의지하는 인간, 오로지 자기 자신이 전부일 따름인 사람이 행복하다고 결론 내릴 수 있다. ─《소품과 부록》

왜냐하면 "모든 인간은 오직 스스로를 상대할 때만 가장 완전히 융화될 수 있기 때문"이며 "완전한 마음의 평정이라는

아르투어 쇼펜하우어

이 지상의 귀중한 보물은 고독한 가운데 오로지 철저히
은둔함으로써 구할 수 있기 때문"입니다. 쇼펜하우어는
"그 사람의 자아가 탁월하게 충만하다면 필시 이 곤궁한
지상에서 추구할 수 있는 가장 행복한 상태를 향유할
것"이라고 말합니다.

그렇다면 외로움에 사로잡혀 다짜고짜 남들과 부대끼려는
마음을 잠시 내려놓을 필요가 있지 않을까요. 쇼펜하우어의
철학은 무리에 끼고 싶은 충동을 잠재우고 **자기 내면을
깊이 일구는 일**을 흡족히 여기라고 일러줍니다. 자신의
관심사를 발전시키고 고독을 만끽하라고 말하죠. 진심으로
집중하고 싶은 대상에 끈질기게 파고들며 나만이 할 수 있는
일에 몰두할 때 우리는 고독의 시간을 의미 있게 보낼 수
있습니다.

내면을 즐기는 시간이 나를 충만하게 채워줍니다.

쇼펜하우어의 말을 빌려 다음과 같이 말할 수 있겠습니다.

"일찌감치 고독을 가까이하고 더욱이 고독을 사랑하게 된
사람은 금광을 손아귀에 넣은 것이나 다름없다."

고독을 사랑하는 사람은
금광을 손에 넣은 것이나 다름없다.

— 아르투어 쇼펜하우어

고민 해결! *Arthur Schopenhauer*

아르투어 쇼펜하우어

알아두면 쓸데 있는 철학 스토리

① 고독을 즐기는 일은 멋진 일입니다. 그런데 쇼펜하우어는 결코 혼자가 아니었습니다. 이를테면 쇼펜하우어 곁에는 니체 철학이 함께했죠. 니체도 자신의 데뷔작《비극의 탄생》이 혹평을 받으면서 대학에서 퇴출당하다시피 합니다. 당시 기독교의 영향을 받고 있던 상당수의 유럽 사상가들과 달리 니체는 기독교를 비판했고, '고독한 혁명가'로서 홀로 외길을 걷습니다.

당시 니체는 고독하고 자유로웠던 스피노자를 경외하고 그의 철학에 푹 빠져 있었습니다. 스피노자의 철학을 접하고서 니체는 자신의 친구에게 다음과 같은 편지를 보냈다고 합니다. "난 정말이지 깜짝 놀랐다네. 그리고 빠져들었다네! 내겐 선도자가 있었어, 대단한 선도자가! 나는 스피노자에 대해 거의 알지 못했네. 내가 지금 그를 따르려 함은 일종의 본능적인 행위지. (…) 그가 말한 다섯 가지 대목에서 나는 또다시 나의 모습을 보았어. 이 사상가는 누구보다 남다르고 누구보다 고독했기에 나와 너무나도 닮아 있네. (…) 우뚝 솟아오른 산을 오르듯 숨이 넘어가고 가슴이

인생

두근거리고 피가 끓도록 만들었던 나의 고독을 지금 그와 함께하고 있다네. 경이로워!"

고독과 사색의 길을 걷는 가운데 시간을 초월해 진정한 친구를 찾아냈다는 강렬한 기쁨이 잘 드러나 있습니다.

■ 철학 × 책

《소품과 부록》, 1851

쇼펜하우어에게 세속적인 성공을 안겨준 작품으로 국내에는 《쇼펜하우어의 행복론과 인생론》이라는 제목으로 출간되었다. 쇼펜하우어의 철학적 이론을 담은 글이라기보단 그의 인생론이 드러난 저작으로 '쇼펜하우어가 들려주는 인생 수업' 정도로 이해하면 좋을 듯싶다. 에너지 넘치고 명랑한 글들이 염세주의자로만 알려진 쇼펜하우어의 또다른 면모를 보여준다. 1853년 영국의 번역가인 존 옥센포드가 《웨스트민스터 리뷰》에 실은 〈독일 철학에서의 우상 파괴〉라는 글 덕분에 오늘날까지 대중의 사랑을 받는 작품이 되었다.

○

산다는 것은 무너져가는 것이다.

— F. 스콧 피츠제럴드

VI. 죽음

"철학으로 죽음 연습하기"

이번 건강 검진에서 더 큰 병원으로 가보라는 소견이
나왔어요. 평소에는 인생에 아쉬울 거 없다고 생각하곤
했는데, 막상 큰 병원에서 결과를 기다리다 보니 아직
죽을 준비가 안 되어 있다는 생각이 들었어요.
죽음이란 그런 건가요?

소크라테스의 고민 상담

소크라테스 Socrates · B.C. 469~399

고대 그리스를 대표하는 철학자이자 서양 철학의 효시. 아테네가 소피스트들의 궤변에 놀아나고 상대주의에 빠지자, 이에 반발해 보편적 지식이 존재한다는 사실을 주장했다. 토론의 광장 아고라에 나가서 어느 누구와도 격의 없이 이야기하는 것을 즐겼는데, 그는 옳고 그름을 밝히는 유일한 수단을 논쟁적 대화, 즉 '토론'으로 보았다. 상대로 하여금 자기 자신의 무지를 자각하게끔 돕는 대화법(산파술)과 귀납적 방법론은 그가 주장한 보편적 진리에 다다를 수 있는 길을 열어놓았고, 이는 플라톤의 이데아론으로 계승될 뿐만 아니라 서양 철학을 관통하는 핵심 토대가 되었다. 그러나 당대 아테네 상류층에게 '신을 부정하고 젊은이들을 현혹해 아테네의 전통을 해친' 위험인물로 여겨져 사형을 선고받고 죽음에 이른다. 오늘날 전해지는 그의 삶과 사상에 대한 이야기는 주로 그의 제자 플라톤과 크세노폰, 희극 작가 아리스토파네스가 남긴 글에 근거한 것이다.

지금껏 살면서 즐거움과 행복을 맛보았던 경험이 있을 것입니다. 연인과 멋진 사랑을 나눌 때, 하는 일이 성공을 거두며 행복이 절정에 다다른 시기에는 "지금 죽어도 여한이 없다"는 말이 무심결에 튀어나오기도 합니다.

그러나 막상 죽음에 대한 공포를 실감하면 그런 말이 쏙 들어갑니다. 가령 건강 검진을 받고 큰 병이 의심된다는 말을 들으면 가슴이 덜컥합니다. 검사 결과를 기다리는 동안 아직은 죽을 각오가 서지 않았음을 스스로 깨닫게 됩니다.

고대 그리스를 대표하는 철학자 플라톤은 삶에 대한 미련과 번뇌를 끌어안고 있는 우리에게 다음과 같은 말을 건넵니다.

"죽음이 두려운 까닭은 우리가 **생존만을 염두에 두고 있기 때문이다.** 또한 언제 죽어도 여한이 없다는 생각을 하게 만드는 행복은 물질적인 행복, 가짜 행복에 지나지 않는다."

플라톤의 말에 담긴 의미는 무엇일까요. 어떻게 해야 죽음에 대한 두려움을 떨칠 수 있을까요. 플라톤의 사유에 결정적 영향을 미친 스승이자 서양 철학의 효시인 소크라테스의 인생을 들여다보며 생각해보기로 합시다.

무대는 고대 그리스의 폴리스 아테네입니다. 기원전 5세기 무렵을 지나면서 아테네에서는 직접 민주주의가 꽃을 피웁니다. 시민이 선거나 재판 등 공공의 장으로 나가 자기 의견을 발언하는 일이 공공연하게 이루어지던 시기였습니다. 그곳에서는 '진실이냐 아니냐'의 진위 여부와는 관계없이 나름의 논리로 상대를 압도해야만 했습니다. 갈수록 변론술을 익혀야 할 필요성이 높아져만 갔지요.

바야흐로 변론술의 시대가 열립니다. 그리스 사람들은 자신들이 폴리스를 구성하는 시민이라는 자각하에 사적인 이익을 추구했고, 이를 위한 수단과 기술을 획득하고자 열을 올렸습니다.

이러한 시대 흐름에 힘입어 돈을 받고 변론술을 가르치는 직업 교사 소피스트Sophist가 등장해 인기를 누리게 됩니다. 시민들은 개개인의 욕망을 충족시키는 데 매달렸고, 이로 인해 포퓰리즘이 횡행하여 사회가 어지러워졌습니다. 이처럼 개인의 욕망 추구를 최고의 가치로 떠받들던 시대에 소크라테스가 등장한 것입니다.

소피스트는 **이 세상에 절대적 원칙이란 없으며 뛰어난 말솜씨로 백을 흑, 흑을 백으로 관철시키는 자가 이긴다고**

주장했습니다. 그들은 변론하는 기술을 갈고닦는 데 혈안이
된 타락한 지식인이었습니다. 소피스트에서 파생한 영어
동사 '소피스티케이트sophisticate'에는 '세련되다'라는 의미
외에 '궤변을 늘어놓다'라는 의미도 있습니다.

현대 사회도 크게 다르지 않습니다. 말솜씨 뛰어난
유명 인사가 각종 미디어에서 인기를 끌다가 순식간에
정계로 진출하는 일들이 일어나죠. 포퓰리즘의 전형적인
모습입니다. 백을 흑, 흑을 백이라고 교묘히 구슬리는 모습은
소피스트와 진배없습니다.

소크라테스는 포퓰리즘으로 황폐해진 아테나를
바로잡고자 길거리로 나갔습니다. 그곳에서 맞닥뜨린
모든 사람에게 질문을 던지며 논쟁을 걸기 시작합니다.
소피스트뿐만 아니라 길 가는 군인들을 붙잡고 "용기란
무엇입니까?" 하고 물어보기도 했습니다.

그가 취한 기본자세는 지혜에 대한 사랑을 의미하는
필로소피아philosophia입니다. 스스로 무지를 자각하고(무지의
지), 지혜를 사랑하는 사람으로서 상대방의 무지를
일깨워주는 것이었습니다.[1] 그리고 상대방으로 하여금 **그냥
사는 것이 아니라 잘 사는 것이 중요하다**는 진실을 자각하게끔

도와줍니다.[2]

소크라테스에 따르면 '그냥 사는 것'은 오직 생존 본능에
따라 육욕을 채우는 것입니다. 금전욕, 명예와 지위를
추구하는 출세욕, 소피스트와 같은 자기과시욕을 무분별하게
추구하는 삶을 뜻합니다. 이런 삶에는 결정적 요소가
결여되어 있다고 소크라테스는 단언합니다.

그렇다면 '잘 사는 것'은 어떻게 사는 것일까요. 죽음을
끝으로 여기거나 삶을 육체의 유통기한으로 간주하지
않습니다. 죽음에 연연해하지 않으며, 생존만을 탐하는
본능에 역행하며 사는 것입니다.

욕망과 쾌락이 삶을 좌지우지하지 않도록 이 세상의
진실을 추구하고 지적 욕구를 충족시키며 인생의 질적
향상을 도모합니다. 지혜를 사랑하는 사람의 삶은 **영혼이
탁월한 삶**입니다.

철학으로 죽음 연습하기

향락에 물든 생활이나 호화로운 생활은 물질적인 행복에

불과합니다. 지금 죽어도 여한이 없다고 느끼지만 그저 숨 쉬며 사는 것에 지나지 않습니다. 아무리 충족시켜도 끝이 없는 가짜 행복에 불과하기 때문이지요. 결코 영혼이 건강하다고 말할 수 없습니다.

잘 사는 것은 영혼을 돌보며 배려하고 진정으로 소중한 가치를 추구해 진실한 행복을 누리는 일입니다. 이런 삶의 태도는 영혼이 건강하도록 만들어줍니다.[3]

소크라테스는 물질적·육체적 쾌락이 영혼의 건강을 해치기 때문에 오히려 영혼을 육체 밖으로 분리시켜야 한다고 말합니다. 영혼의 분리는 살아가면서 죽음(혹은 그에 준하는 것)을 연습하라는 뜻입니다.

돈과 지위, 명예, 능수능란한 처세술, 육욕을 만족시켜 얻는 쾌락까지. 이들을 얻고자 아무리 자기계발에 힘써도 정작 영혼이 탁월하지 않다면 진정한 행복에 도달할 수 없습니다.

하지만 죽음이라는 말을 들으면 어쩐지 덜컥 겁부터 나곤 합니다. 왜 그럴까요? 바로 **삶이 그저 사는 것과 같은 육체적 차원에 머물러 있기 때문**입니다. 철학자는 탁월한 영혼을 만들기 위해 노력합니다. 그 노력은 다름 아닌 **죽음을 연습하는** 일입니다.

소크라테스의 최후가 보란 듯이 이를 증명합니다.

　제 몸 건사하기 바쁜 아테네 시민들에게 소크라테스는 영혼을 돌보라며 부르짖었습니다. 하지만 소피스트들의 오류를 거침없이 일깨워준 소크라테스의 행동은 외려 사람들의 반감을 샀고, 소크라테스는 수많은 적을 만들고 맙니다. 설상가상으로 아테네가 전쟁에서 패배하면서 패전의 원흉으로 지목된 제자의 책임까지 떠안게 되었죠. 결국 소크라테스는 신을 모독하고 젊은이들을 타락시켰다는 죄목으로 재판장에 끌려가 끝내 사형을 선고받습니다.

　소크라테스가 감옥에 갇히자 크리톤은 탈옥을 권유합니다. 이를 안타깝게 여긴 간수도 감옥 문을 열고 눈감아주려 했으나 소크라테스는 마지막 순간까지 이를 받아들이지 않았습니다.

> 참된 철학자들은 항상 죽음을 연습하고 있으며,
> 따라서 죽음을 가장 두려워하지 않는 사람들이야.
> (…) 잘 있게. 나도 편안한 마음으로 가겠네. ─《파이돈》

　이런 말을 남기고 미련 없이 독배를 단숨에 들이켜 죽음을 맞이합니다.

제자였던 플라톤은 스승의 죽음에 큰 충격을 받습니다. 소크라테스가 죽기 전 아테네 시민에게 외쳤던 아래의 말을 되새기며 수없이 비탄에 빠짐과 동시에 동기를 부여받습니다. 그러고는 독자적인 철학을 펼치기 시작합니다.

> 돈과 명예와 명성을 쌓아 올리면서 지혜와 진리와 영혼은 최대로 향상하는 것을 거의 돌보지 않고 그러한 일은 전혀 고려하지도 주의하지도 않는 것이 부끄럽지 않는가? ―《소크라테스의 변명》

'돈과 명예와 명성' 뒤에 '처세'와 '연명'을 덧붙여도 무리가 없습니다. 당시 소크라테스가 외친 지혜와 진리는 다소 투박한 구상에 머물렀을지도 모릅니다. 그러나 결과적으로 타락한 소피스트를 아테네에서 일소하고 훗날 플라톤, 아리스토텔레스와 같은 걸출한 철학자들이 서양 철학사를 화려하게 수놓을 수 있도록 그 무대를 마련해놓았습니다.

그로부터 2500년이 흐른 지금, 글로벌 자본주의가 정체 상태에 빠지고 물질 만능주의가 한계를 드러내고 있으며, 생명을 연장시키는 연명 치료에 대한 회의적 시각이 확산되고 있습니다. 기원전 소크라테스가 고대 그리스 시민들을 향해 던졌던 최후의 한마디는 현재 고민에 빠져 허우적거리는 우리들을 철학의 영역으로 손짓해 부르고 있습니다. 지혜를 사랑했던 현자의 말씀이 시대를 초월한 텍스트로 여전히 빛을 발하는 이유입니다.

철학은 '죽음의 연습'이다.
지혜를 사랑하고 간절히 구하면
죽음에 대한 두려움이 사라진다.

—소크라테스

고민 해결! *Socrates*

죽음

알아두면 쓸데 있는 철학 스토리

① 소크라테스는 무지의 자각이 진정한 지혜임을 드러내는 구체적인 사례로 죽음을 꼽았습니다. 죽음은 살아생전 인간이 체험할 수 없으며 무지의 자각을 통해 마주하는 것입니다. 죽음을 두려워하고 부정적으로 바라보는 것이야말로 무지의 증거라고 소크라테스는 단호히 말합니다.

② 길거리를 오가는 사람들을 '무지의 지'로써 압도하는 소크라테스의 모습을 상상하면 참으로 멋있고 뛰어난 인물 같다는 생각이 듭니다. 그러나 이런 모습은 제자 플라톤에 의해 살짝 미화된 이미지에 가깝습니다. 플라톤과의 첫 만남에서도 그랬듯이 거나하게 취한 채 길바닥에서 아무나 붙잡고 시비를 걸어 논쟁하는, 가식은 없으나 조금은 성가신 사내가 소크라테스의 실상이었는지도 모르죠. 소크라테스의 철학을 이어받은 제자 중에 디오게네스라는 철학자가 있습니다. 그는 알몸 상태로 집 대신 통 속에서 생활하며 말 그대로 소박하고 단순한 삶을 구현했던 사람이었습니다. 개처럼 아무 곳에서나 지냈다 하여 후대 사람들은 그의

학파를 '견유파犬儒派'라고도 부르죠. 그런 디오게네스가
진심으로 존경했던 소크라테스는 플라톤에 의해 근사하게
포장된 모습이 아니었습니다. 오히려 오가는 사람들이
수군거리며 기이하게 쳐다보는 괴짜이면서도 순수하게
지혜를 사랑하고 오로지 영혼의 탁월함에 마음을 쏟았던
스승이었습니다.

③ 그리스 문화가 저물어가던 고대 그리스 말기의
철학자 에피쿠로스는 '영혼의 평정(아타락시아ataraxia)'이 곧
행복이며, 아타락시아에 도달하는 생활이 가장 중요하다고
생각했습니다. 에피쿠로스가 정의한 행복은 끊임없이 중독적
쾌락을 좇는 현대인에게 시사하는 바가 큽니다.

그는 번민하지 않는 상태, 다시 말해 겉으로는 무료해
보이나 조용하고 엄숙한 상태가 참된 행복이라고
이야기했습니다. "진리와 철학을 사랑하면 마음의 평안을
흩뜨리는 불필요한 욕망이 모조리 해소된다"고 말했던
에피쿠로스는 죽음에 대해 어떻게 생각했을까요? 그는 "내가
존재할 동안에는 죽음이 존재하지 않고, 죽음이 존재할
동안에는 내가 존재하지 않는다"고 말하며 죽음을 두려워할
필요가 없음을 역설합니다. 그는 죽음의 공포에서 벗어난

상태, 영혼의 평정으로 사람들을 이끌었습니다. 실제로 에피쿠로스는 말년에 방광 질환을 앓으며 사경을 헤매면서도 생전에 즐거웠던 경험들을 떠올리며 고통을 감내했다고 합니다.

'동양의 에피쿠로스'라 불리는 장자 역시 "사람은 기가 모여서 이루어진 현상이다. 기가 모이면 삶이 되고 기가 흩어지면 죽음이 된다. 삶과 죽음이 한 몸이라는 사실을 깨달으면 죽음에 대한 인간의 번뇌 따위는 아무것도 아니다"라며 죽음을 두려워할 필요가 없다고 이야기한 바 있습니다.

■ 철학 × 책

《소크라테스의 변명》

영국의 수학자이자 철학자 화이트헤드는 "서양 철학은 플라톤에 대한 각주에 불과하다"고 이야기한 바 있다. 그의 말처럼 플라톤이 없었다면 서양 철학은 성립할 수 없었을 테지만, 그의 스승 소크라테스가 없었다면 플라톤의 철학은 시작조차 못 했을 것이다. 《소크라테스의 변명》은 플라톤 철학의 출발점이 된 작품이자, 그의 대화편들 가운데 가장 널리 알려진 작품이다. 소크라테스가 기원전 399년 자신에게 제기된 고발 사건에 대해 법정에서 자기를 변호하는 과정을 그리고 있다.

" 시련이 삶의 새로운
가능성을 열어준다 "

학자금 대출을 갚지 못해 빚더미에 앉았어요.
가족도 친구도 다 멀어졌고 다시 일어설 기운도 다
사라져버렸어요. 하루하루가 걱정과 한숨으로 가득
찹니다. 이렇게 고달픈 삶에도 과연 끝이 있기는 한
걸까요?

마르틴 하이데거의 고민 상담

마르틴 하이데거 Martin Heidegger · 1889~1976

20세기 초반 현상학과 실존주의, 해석학을 혁신한 독일의 사상가. 1889년 독일 남부 슈바르츠발트의 작은 마을 메스키르히에서 태어나. 프라이부르크 대학에서 신학과 철학을 공부했다. 에드문트 후설의 조교로 일하며 1916년부터 강단에 섰고, 후설이 대학을 그만두자 그의 후임으로 철학 교수가 된다. 1927년 출간한 《존재와 시간》은 그를 세계적인 철학자 반열에 올려놓았을 뿐만 아니라 칸트 이후 인식론과 윤리학에 밀려 주변부로 물러난 존재론을 다시 한번 논의의 중심으로 불러들이게 된다. 1945년 독일이 2차 세계 대전에서 패전할 때까지 나치 당원으로 남은 탓에 패전 후 열린 전범 재판에서 교수 자격을 박탈당했다.

철학은 이따금 현실성 부족한 탁상공론 같지만 실제로는 유용한 버팀목이 될 수 있습니다.

20세기를 대표하는 독일의 철학자 마르틴 하이데거라면 이렇게 말했을 것입니다.

"진지한 태도로 죽음을 의식하는 것은 자기 삶의 전체성, 곧 진정한 자기 삶에 눈뜨는 것이다."

이 말에 담긴 의미는 무엇일까요. 인간 의식의 현상을 포착하여 **죽음**을 일상에서 부각시킨 하이데거의 사유를 따라가봅시다.

하이데거에 따르면 대다수의 사람들은 이러쿵저러쿵 아무래도 좋을 이야기들을 늘어놓으며 하루하루를 살아간다고 합니다. 이 상태를 일컬어 '퇴락頹落'이라고 하죠. 너절한 세간의 이야기와 공뜬 마음으로 귀중한 시간을 허비하고, 실제로는 무엇 하나 이루지 못한 채 인생을 흘려보내며 죽음을 망각한 채 살아가고 있다는 것입니다.

보통은 죽음을 마냥 남 일처럼 치부합니다. '친척이 세상을 떠났다', '누가누가 죽었다'라는 식으로 죽음의 주체에 타인을 대입할 뿐 나를 대입하지는 않습니다.

마르틴 하이데거

그렇지만 이따금 사람은 느닷없는 막연한 불안에 휩싸입니다. 앞날에 대한 실체 없는 불안. 하이데거에 따르면 이 불안의 정체는 **나라는 존재도 언젠가 죽는다는 사실을 암시하는 '죽음에 대한 불안'**입니다. 하이데거는 이 불안을 능동적으로 다루고 적극적인 의미로 전환하기 위해 고심했습니다.

듣고 보면 맞는 말입니다. 인생에서 꿈을 실현하거나 성공할 가능성은 사실 불투명합니다. 모든 일이 자기 뜻대로 풀리지도 않고요. 그에 반해 **'내가 죽는다'**는 사실 **만큼은 유일하게 도래할 명백한 사실이자 확실하게 존재하는 가능성**입니다.

> 그 누구도 다른 이의 죽음을 대신 떠맡을 수는 없다. (⋯) 어떤 현존재(인간)든지 각자 자신의 죽음을 떠안아야만 한다. 죽음은 본질적으로 자기만의 것이다. ─《존재와 시간》

공허한 가십거리와 흥밋거리로 삶을 치장한들 죽음을 피해갈 수 있는 사람은 없습니다. 죽음은 인간이 확실하게 할 수 있는 일이죠. 죽고 싶지 않아도 언젠가 죽음은 역력한 가능성이 되어 찾아옵니다. **진지한 태도로 자신의 죽음을 인식할 때 비로소 세상에 둘도 없는 나의 고유한 모습이 고개를 들기 시작합니다.**

그러나 애초부터 죽음을 진지하게 자기 일처럼 받아들이기란 참으로 어렵습니다. 머리로는 알아도 마음속으로는 죽음 따위 잊고 세상 편히 살고 싶은 존재가 인간입니다. 죽음을 잊고 사는 퇴락에 대한 충동을 지식으로 이겨내는 일은 말처럼 쉽지 않습니다.

○ 내 삶을 유일하고 가치 있게 만들어주는 것

육체적·경제적·정신적으로 궁지에 몰려 진지한 태도로 죽음을 생각하는 사람은 어떨까요.

나는 언제든지 죽을 수 있는 존재임을 실감하는 사람은 누구보다 죽음을 절박하게 느끼고 누구보다 생생한 감각으로 자기 인생을 통째로 선취하게 됩니다. 즉 하이데거의 용어, 죽음으로의 선구(先驅. anticipation)를 이론이 아닌 실제로서 체험하는 것입니다.

이는 실로 어마어마한 가치를 지닌 체험입니다.

당장이라도 죽고 싶고 한 발짝만 물러서면 낭떠러지로 추락할 것만 같은 아슬아슬한 순간이라도 관점을 달리해 바라보라고 하이데거는 말합니다. 죽음을 절박하게 실감하는 지점이야말로 새로운 가능성이 열리는 시작점입니다.

스위스의 임상 심리학자 칼 융은 인간의 심리를 양면적으로 파악하고, 표면에 드러난 얼굴 뒤에 또 다른 내가 꿈틀거리고 있다는 사실을 꿰뚫어보았습니다.

예컨대 죽고 싶다고 호소하는 사람들은 자신이 죽는 꿈을 자주 꾼다고 합니다. 이를 두고 일본의 융 학파 정신 분석가인 가와이 하야오는 현재의 자신을 파괴해 다시 태어나고 싶다는 욕망으로서 꿈을 분석했습니다. 죽고 싶다고 호소하는 것은 육체적인 죽음이 아니라 **사회적인 죽음**을 바라는 것이며, 다시 시작하고 싶다는 뜻이라고 지적했습니다.

그렇다면 육체적 죽음 대신 사회적 죽음을 선택할 수는 없을까요? 육체적인 죽음을 선택하기 전에 **어차피 죽을 바에야 뭐라도 해보고 죽자**라는 각오로 스스로에게 최후통첩을 내리는 겁니다.

생활고, 사업 실패, 인간관계, 따돌림 등 자신에게 닥친 시련에 온 힘을 다해 부딪쳐봅니다.

진지한 태도로 죽음을 각오할 때 비로소 근본에 충실한 시간이 시작되며 남은 인생을 새롭게 살아갈 수 있습니다.

하이데거는 죽음이란 앞지를 수도 없고 뛰어넘을 수도 없는 궁극의 가능성이며, 죽음이 도래할 것을 자각하는 사람에게만 진정한 인생이 펼쳐진다고 말했습니다.[1]

고통을 견뎌가며 수습해야 할 문제들이 답쌓여있는 상태도 마찬가지입니다. 고역스러운 상황처럼 보이겠지만 지금 **당신은 진정으로 그리고 처음으로 자신의 삶이 시작되는 지점에 두 발을 딛고 선 것입니다.**

> 자신의 죽음을 온전히 자각할 때
> 사람은 본래적 삶에 눈뜬다.
>
> —마르틴 하이데거

고민 해결!

알아두면 쓸데 있는 철학 스토리

① 죽음에 대한 선구적 결단이라는 개념은 사람들을 하이데거 철학에 열광하게 만들었습니다. 그러나 그의 철학은 나치 정권의 전체주의에 사상적 근거를 제공하며 일조했기에, 전후 철학계가 극복해야 할 난제(아포리아)로 떠올랐죠. 하이데거의 철학에 저항했던 대표적인 철학자로 레비나스와 데리다를 꼽을 수 있습니다.

에마뉘엘 레비나스는 나치에게 일가족이 죽임을 당한 참담한 과거를 안고 있었습니다. 그는 하이데거 철학의 자기 완결성을 비판했습니다. 하이데거 철학에서 인간(현존재)은 죽음에 대한 불안을 통해 나의 본래 모습에 눈뜨라는 목소리를 듣습니다. 하지만 하이데거가 말한 목소리는 나의 내면이 속삭이는 목소리에 지나지 않고, 죽음 역시 어디까지나 나의 죽음일 뿐입니다. 그러나 레비나스에게 목소리란 상처받기 쉬운 연약한 타자가 건네는 호소이며 죽음 역시 타자의 죽음이었습니다. 그는 타자에게 개방적이며 타자를 맞아들이는 환대의 윤리학을 설파했습니다.

레비나스의 철학을 잘 이해했던 프랑스 철학자 자크 데리다도 내면의 목소리를 근거로 주체를 강조하는 하이데거의 철학에 의구심을 품고 개인들의 소통 과정에 '행방불명된 편지(나의 의지가 상대방에게 잘못 전달되는 것)'라는 개념을 도입해 다원적 가능성을 제기했습니다. 데리다는 하이데거 철학의 한계를 넘어서고자 탈구축을 시도했으며 더 나아가 유럽 철학 전체의 재구축을 도모했습니다.

■ 철학 × 책

《존재와 시간》, 1927

존재에 대한 물음의 필연성과 우위, 탐구 방법 등을 다룬 명실상부한 하이데거의 대표작. 서구 형이상학이 끊임없이 다뤄온 본질적 문제인 인간, 세계, 시간, 존재에 대한 물음을 이제껏 아무도 이르지 못한 새로운 토대에 올려 놓았다. 또한 종래 윤리학이나 종교의 차원에서 논의되어왔던 죽음과 양심의 문제를 실존적으로 새롭게 재해석했다. 《존재와 시간》의 철학적 물음은 단지 인간의 실존적 구조를 해명하는 데 그치지 않고, 일상적 세계로 퇴락한 개개인에게 앞으로 어떤 개념을 가지고 어떻게 시대를 살아가야 하는지 그 방향성을 제시한다. 난해하기로 정평이 났음에도 불구하고 당시 세계의 많은 젊은이들로부터 열광과 찬사를 받았다.

"죽고 싶은 만큼 살고 싶었다"

이제는 기대할 것도, 더 할 수 있는 것도 없는 것 같아요.

세상은 나 하나만 빼고 모두가 행복해 보이네요.

이럴 때마다 죽고 싶다는 충동에 격렬하게 사로잡혀요.

죽고 싶어요, 하지만 이렇게 죽기보단 살고 싶어요.

루트비히 비트겐슈타인의 고민 상담

루트비히 비트겐슈타인 Ludwig Wittgenstein · 1889~1951

20세기의 강력한 철학 사조인 분석 철학과 언어 철학의 형성과 전개에 가장 큰 영향을 준 철학자. 1889년 오스트리아 빈의 철강 재벌이자 수많은 예술가들을 후원하던 유대계 집안에서 5남 3녀 중 막내로 태어났다. 아버지의 뜻에 따라 공학을 공부하다가 1911년 케임브리지 대학에서 철학 연구의 길에 들어선다. 1914년 1차 세계 대전이 발발하자 자원입대하고, 1918년 전선에서 《논리철학논고》를 완성했다. 이때까지 제도적, 체계적으로 철학 교육을 받은 적이 없던 그는 이 책으로 철학계의 주목을 받기 시작했다. 그러나 그와 동시에 '철학의 모든 문제를 최종적으로 해결했음'을 선언한 뒤 학계를 떠났다. 이후 막대한 유산을 포기하고 시골 마을에서 교사의 길을 걷기도 하다가 《논리철학논고》에 중대한 결함이 있음을 깨닫고 1929년 케임브리지로 돌아가 다시 철학 연구에 전념했다.

건강한 사람이 큰 병을 얻은 사람의 마음을 이해할 수 있겠느냐고 물을지도 모르겠습니다. 회복 가능성이 희박한 상황에서 병마와 힘겹게 싸우고 있는 이에게 철학은 어떤 말을 건넬 수 있을까요. 여기서는 오스트리아의 분석 철학자 루트비히 비트겐슈타인을 소개하고자 합니다.

비트겐슈타인은 당시 철강 재벌로 불리던 부잣집 명문가에서 태어나 부유하게 자랐습니다. 그러나 안타깝게도 그의 집안에는 자살의 그늘이 짙게 드리워져 있었습니다. 남매 8명 중 3명이 스스로 목숨을 끊었고 비트겐슈타인 자신도 줄곧 죽음을 생각했습니다. 그러나 그는 자신에게 주어진 수명이 다할 때까지 자살 충동을 참고 견뎌가며 소수의 저작에도 불구하고 철학사에 위대한 족적을 남겼습니다.

자살을 늘 염두에 두던 그는 어째서 다시 살기로 마음을 돌이켰을까요?
이 질문을 통해 우리의 고민을 풀어줄 해답을 끄집어내도록 하겠습니다.

비트겐슈타인이 죽음을 유예하고 살기로 결심한 이유는
바로 철학이었습니다. 철학을 생각하고 쓰고 가르치는
작업은 그의 영혼에 생명력을 불어넣었습니다.

전쟁 체험 또한 그의 인생을 송두리째 흔들어놓았습니다.
초등학교 교사로 일하던 청년 시절, 1차 세계 대전이 터지자
그는 교사를 그만두고 오스트리아군에 자원입대합니다.
죽음이 그의 인생에 바짝 다가들었던 사건은 그가 죽음 대신
삶을 선택하는 계기로 작용합니다.

그는 자신이 몸담았던 초등학교에서 겉도는 신세였습니다.
학부모들 그리고 학교와 사이가 원만치 못해 끝내
교사직에서 물러났습니다. 군대에서도 부르주아 출신이라며
야유당하고 소외당하는 바람에 자주 풀이 죽어 있었습니다.

그는 자기가 본 군대의 풍경을 《전쟁일기》[1]라는 저서로
생생하게 기록해 남겼습니다.

> 땅거미 내린 카페에서 수많은 장교들과 한자리에 있다.
> 돼지같이 구는 이들이 태반이다. 여기서는 누구 하나
> 마음 터놓을 이가 없음을 뼈저리게 느낀다. 그러나 이
> 모든 압력에 저항하여 나를 지켜내자. ―《전쟁일기》

비트겐슈타인은 불편한 마음을 안고 군대 생활을 이어나갑니다. 러시아군을 상대로 오스트리아군이 수세에 몰리자 그는 긴박감이 극도로 고조된 동부 전선으로 보내집니다. 전쟁터의 치열함은 극에 달했습니다. 가뜩이나 첨예한 전시 상황 속에서 그는 위험천만한 '감시탑' 임무에 자원합니다.

> 아마 내일이면 조명등 관리병에 자원하여 위로 올라갈 것이다. 그때 비로소 나의 전쟁이 시작될 것이다. 그리고 삶도 존재할 것이다. 아마도 죽음 가까이에 다가서는 일이 내 삶에 빛을 안겨줄 것이다.
> 신이시여 나를 비추소서. —《전쟁일기》

⊙ 세상이 변하길 기대하지 않는다면

브루실로프 공세로 알려진 러시아군의 대공습이 개시되자 비트겐슈타인이 속한 제7군은 퇴각해야만 했습니다. 장병 1만 6,000여 명 중 3,500여 명만 생존한 채 격파당합니다.

전투에서 패배해 정신없이 후퇴하는 가운데, 삶과 죽음을

넘나드는 절체절명의 위기 상황에서 《전쟁일기》에는 사유의
언어가 용솟음치기 시작합니다. 난해하고 투박한 언어로
쓰인 《전쟁일기》는 그의 대표작 《논리철학논고》의 방향성을
결정지었고, 그 언어는 오늘날을 살아가는 우리들에게 역시
생생하게 다가옵니다.

> 나는 알고 있다. 이 세계가 있음을. 나의 눈이 시야
> 안에 있듯 내가 세계 안에 있음을. 세계의 의미가 세계
> 안에 없고 그 밖에 있음을. 삶이 곧 세계임을. 나의
> 의지가 세계를 채우고 있음을. 세계의 사건들을 나의
> 의지로 좌우하기란 불가능하고 나는 완전히 무력하다.
> ―《전쟁일기》

전쟁터의 최전선에서 비트겐슈타인이 목격한 전쟁의
참상이 얼마나 끔찍했는지 우리는 알 수 없습니다. 속으로
'돼지'라고 불렀던 아군 장교가 총에 맞아 절규하며
몸부림치고, 폭격당한 몸뚱이에서 피와 내장이 사방으로
튀는 무참한 광경이었을 것입니다.
  비트겐슈타인도 조명등 관리병으로서 임무를 다해야
했기 때문에 언제까지나 펜을 쥐고 있을 수만은 없었습니다.

눈앞에 펼쳐진 지옥도를 그저 지켜볼 수밖에 없는 처지를
두고 **"세계 안의 사건들은 손쓸 도리가 없다"**고도 말했지요.
"전쟁이 악화일로에 치달아 허망하게 저세상으로 가는지
혹은 구사일생으로 살아남을지 나는 모른다. 한 치 앞도
분간할 수 없다."

그런 다음 비트겐슈타인은 덧붙입니다.

> 나는 오직 사건들에 대한 영향력을 단념함으로써
> 세계에서 독립할 수 있다. 오히려 이를 통해 세계를
> 지배할 수도 있다. —《전쟁일기》

세계 안에서 나에게 일어나는 사건들에 대해 지배하고
통제하기를 단념하며 관심을 거두는 것. 나와 아군의 생명이
위협받는 상황, 크고 작은 포화가 사방으로 빗발치고 비명과
절규가 난무하는 참상…. 비트겐슈타인은 소리와 이미지,
오감으로 전해지는 현장의 생생한 감각으로부터 한발
물러서서 바라보기로 합니다.

"한발 물러나야 세계에서 독립할 수 있다. 세계 내부에서
벌어지는 사건들이 아무리 추악하고 형편없고 피비린내 난다
할지라도, 혹은 호화롭고 호사스러운 향락에 물들어 있다

루트비히 비트겐슈타인

할지라도 그러한 일체의 것들에 의미를 두지 않는다. 관심을 걷어낸다. 세계 내부를 운운하지 말고 세계의 '밖'에서 세계의 사건들을 바라본다. 내가 그 안에 존재하며 내게 삶이 펼쳐져 있다는 사실 그 자체를 바라본다. 이를 통해 아무리 불우한 상황에 처해 있더라도 나는 세계에서 '독립'할 수 있으며 세계를 외부에서 '지배'할 수 있다."

전쟁과 질병처럼 세계 내부에는 자신의 의지와 힘은 물론이요 온갖 수단을 동원해도 도저히 막아낼 수 없는 일들이 있습니다. 그러나 **이 사실을 헤아리고 세계의 존재를 기꺼이 받아들이는 것, 그 자체를 기적이라 여기며 살아내보려, 그것도 아주 행복하게 살아내보려 마음먹는 일은 얼마든지 가능합니다.[2]**

생명이 유지되는 그날까지 내가 바라보고 느끼는 세상은 변함없이 존재할 것입니다. 그렇다면 살아 있는 동안 내게 존재하는 세상을 받아들이고 행복하게 살겠노라 마음먹을 수 있습니다. "세상의 즐거움을 내려놓은 삶만이 행복하다"는 비트겐슈타인의 말뜻이 조금씩 이해되기 시작합니다.

비트겐슈타인의 《논리철학논고》는 "무릇 말하여질

수 있는 것은 더욱 명쾌하고 조리를 갖추어 말하여질 수 있다"는 구절로 서문을 시작해 **"말하여질 수 없는 것에 대해서는 침묵할 수밖에 없다"**는 구절로 끝을 맺습니다. 《논리철학논고》가 말을 아낀다는 점에서 논리적 신비성을 띤 저작인 데 반해, 《전쟁일기》에서 비트겐슈타인은 "행복하게 살리라!"고 분명하게 말합니다.

희비가 엇갈리는 세상사에 휩쓸리거나 사로잡히지 않는 것. 그것이 바로 비트겐슈타인이 말한 '행복'의 참뜻이었습니다.

> 세상의 사실을
> 바꾸는 것은 불가능하나
> 세상을 행복하게 살고자
> 마음먹는 것은 가능하다.
>
> —루트비히 비트겐슈타인

고민 해결!

알아두면 쓸데 있는 철학 스토리

① 《전쟁일기》는 비트겐슈타인이 1차 세계 대전 참전 중에 기록한 세 권의 일기장을 엮은 저서이자 논리철학논고의 전신입니다. '사적 일기'와 '철학적 일기'가 교차되며 그의 감정이나 의식의 흐름이 생생하게 드러나 있지요. 추위와 배고픔, 공습의 공포에 몸을 떨면서 철학적 문제와 마주하는 그의 처절함이 절절히 드러나 있습니다.

② 영화감독 데릭 저먼은 〈루트비히 비트겐슈타인〉이라는 제목의 전기 영화를 찍을 정도로 비트겐슈타인에 푹 빠져 있었습니다. 저먼은 에이즈 선고를 받고 세상을 떠나기까지 6년간 런던 변두리에서 요양 생활을 하면서 정원 만들기에 전념합니다. 이 정원에서는 에이즈에 대한 두려움을 눈곱만큼도 느낄 수 없습니다. 마치 이 세계가 존재한다는 사실 자체를 자축하는 듯합니다. 지금도 수많은 방문객들이 이 아름다운 정원을 다녀간다고 합니다. 저먼은 이 정원을 일구면서 "죽음은 삶의 창조성을 끌어 올린다"고 당당히 말했습니다. 비트겐슈타인의 《전쟁일기》처럼 그는 "끔찍한

상황에서도 이 세계를 긍정하는 법, 행복하게 사는 법"을
몸소 실천한 것입니다.

■ 철학 × 책

《논리철학논고》, 1921

전시 상황에서 기록해두었던 독특한 발상들을 바탕으로 종전 직전
에 완성한 저작이자, 비트겐슈타인 생전에 출간된 유일한 철학서이
다. 이 짧은 책을 통해 모든 문제를 해결했다고 믿은 그는 한동안 학계
를 떠나기까지 했다. 언어의 본질을 탐구해 세계와 사고의 한계를 해
명하는 내용을 담고 있다. 명제의 논리적 구조와 논리적 추론의 본성
에 관한 고찰·심리학·수학·철학·미학 등의 본질에 관한 논의 등을 거
쳐 '신비스러운 것', '말할 수 없는 것'에 대한 논의를 전개했다. 이 세상
의 통념을 믿지 않고 맨바닥부터 순수하게 사실을 점검하여 다시 한
번 세상으로 발을 내딛고자 했던 그의 사유를 들여다볼 수 있다. 비트
겐슈타인의 사상적 동지로 평가받는 버트런드 러셀의 서문이 부록으
로 실려 있다.

맺음말

삶은 고통의 연속입니다. 때로는 실연을 당하고 때로는
꿈이 좌절되며 때로는 배신을 당하기도 합니다. 그리고
언젠가 병들어 죽음을 향해 다가섭니다.

인생은 내 뜻대로 풀리지 않습니다. 행복하고 즐거운
일보다 신산하고 우울한 일들이 훨씬 많습니다. 이토록
당연하기 짝이 없는 진실을 곰곰이 곱씹다 보면 하고많은
철학자 가운데 가장 먼저 니체가 떠오릅니다.

믿을 만한 것은 아무것도 없으며 이 세상에 가치를 지닌
것은 아무것도 없다는 니힐리즘에 유럽 전역이 빠져들었던
시대, 공교롭게도 니체는 실연을 당해 그의 인생을 통틀어
가장 모진 시련을 겪으며 고통에 허덕이고 있었습니다.
그러나 그는 머잖아 "시간이 그저 돌고 돌아 무의미하게
반복될 뿐"이라는 인식을 긍정적으로 받아들입니다. 그리고
"신은 죽었다"라는 충격적 주장을 내놓으며 《차라투스트라는
이렇게 말했다》를 통해 운명애를 강조하기에 이릅니다.

니체는 인생의 갈림길에서 선택한 길이 혹여 실패로

귀결될지라도, 그 길 너머에 비참한 운명이 기다리고
있을지라도 단 한 번뿐인 인생이므로 그 운명을 사랑하자고
말합니다. 그리고 인생에는 비단 기쁨뿐만 아니라 고통과
근심 역시 부단히 찾아들기 마련이라는 '영원 회귀'를
제시합니다. 인생을 긍정한 개념을 내놓고서 십여 년간
정신병에 시달리다가 죽음을 맞이합니다. 자신의 지론을
온몸으로 실현했던 그의 애석한 말로가 번민으로 가득 찬
우리의 마음을 뭉클하게 합니다.

　런던에서 유학한 나쓰메 소세키는 영문학과 영국의 문화에
도통 적응하지 못하고 심각한 우울증에 시달리다가 니체의
《차라투스트라는 이렇게 말했다》의 영역본을 접하게 됩니다.
그리고 엄청난 양의 메모를 빼곡히 덧붙여가며 수없이
읽고 또 읽었다고 합니다. 이 경험을 통해 용기를 얻은
소세키는 '(세상에 맞추지 않고) 나를 잣대 삼아 살아가겠다'는
인생관을 확립하기에 이릅니다. 실제로 그는 귀국 이후 《나는
고양이로소이다》를 쓰며 소설가로 데뷔했고, 당대 최고
권위를 자랑하던 도쿄 제국대학의 강사직을 과감히 버리고
아사히 신문의 전속 작가가 됩니다.
　고대 아시아로 눈을 돌리면 동양 사상을 대표하는

현자이자 불교의 시조인 고타마 싯다르타가 있습니다.

왕자 신분을 버리고 나고 자란 고향을 떠나 여러 지방을 정처 없이 떠돌아다니던 와중에 싯다르타는 '연기' 사상의 실마리를 얻습니다. 이야기를 꾸며내는 번뇌를 소멸시키고 깨달음을 얻음으로써 싯다르타는 환희도 고통도 모두 초월한 열반에 다다릅니다. 오랫동안 깊이 고뇌한 끝에 깨달은 자(붓다)가 되기까지, 싯다르타가 번민하며 걸어간 인생행로가 고뇌 속에서 일상을 영위하는 우리들의 어깨를 다독여주는 듯합니다.

일본 조동종의 포문을 연 도겐은 붓다의 교리로 되돌아와 좌선이 곧 깨달음이라고 설파합니다. 수십 세기가 흘러 선의 가르침을 담은 스즈키 다이세쓰의 번역본이 미국 실리콘 밸리까지 뻗어 나갑니다. 이 책에서 영향을 받은 청년 스티브 잡스는 인도를 방랑합니다. 잡스는 자신이 창업한 애플에서 쫓겨나다시피 할 때도 "무언가를 잃고 궁핍해질수록 돌아올 결실이 더욱 풍요롭다", "쭉정이를 버리고 알맹이에 집중해야 큰 열매가 맺힌다"는 선의 가르침에 의지했고 이후 애플 CEO로 복귀하여 아이폰을 발표합니다.

동서고금의 위인에게나 우리에게나 고민은 인생의 '절친한

벗'과 같은 존재입니다. 숨이 붙어 있는 한 이 고통에서
벗어날 길은 없습니다. 장차 걸어갈 인생길에도 지금보다
더한 고민과 고통이 우리를 기다리고 있을 것입니다.

그렇기에 머지않아 우리 앞에 찾아들 고민을 대비해두는
작업이 필요합니다. 철학자들이 저마다 고뇌 끝에 다다른
사유들을 음미하고 깊이 새겨두는 것이죠.

눈앞이 깜깜하고 절망적일 때, 심각한 고민에 직면했을 때,
우리보다 한발 앞서 고뇌했던 철학 선배들이 인생을 바쳐
남긴 저작들을 펼쳐보세요. 분명 고민을 극복하는 힌트를
얻을 수 있을 것입니다. 일찍이 소세키와 잡스가 그랬던
것처럼 고통의 수렁에서 나를 건져줄 철학을 미리미리
마련해둔다면 인생의 위기에서도 마음 든든할 것입니다.

철학의 도움을 받으며 인생을 끝까지 완주하시기를
바랍니다.

"고통을 향해 외쳐라.
지나가라, 그러나 또다시 내게 오라!"

— 프리드리히 니체

그래서
철학이
필요해

✦

그래서 철학이 필요해

2019년 12월 23일 초판 1쇄 | 2020년 2월 18일 3쇄 발행

지은이·고바야시 쇼헤이 | 옮긴이·김복희
펴낸이·김상현, 최세현 | 경영고문·박시형

책임편집·김사라 | 디자인·정아연
마케팅·권금숙, 양근모, 양봉호, 임지윤, 최의범, 조히라, 유미정
경영지원·김현우, 문경국 | 해외기획·우정민, 배혜림 | 디지털콘텐츠·김명래
펴낸곳·㈜쌤앤파커스 | 출판신고·2006년 9월 25일 제406-2006-000210호
주소·서울시 마포구 월드컵북로 396 누리꿈스퀘어 비즈니스타워 18층
전화·02-6712-9800 | 팩스·02-6712-9810 | 이메일·info@smpk.kr

ⓒ 고바야시 쇼헤이 (저작권자와 맺은 특약에 따라 검인을 생략합니다)
ISBN 978-89-6570-898-8 (03100)

- 이 책은 저작권법에 따라 보호받는 저작물이므로 무단전재와 무단복제를 금지하며, 이 책 내용의 전부 또는 일부를 이용하려면 반드시 저작권자와 ㈜쌤앤파커스의 서면동의를 받아야 합니다.
- 이 책의 국립중앙도서관 출판시도서목록은 서지정보유통지원시스템 홈페이지(http://seoji.nl.go.kr)와 국가자료공동목록시스템(http://www.nl.go.kr/kolisnet)에서 이용하실 수 있습니다. (CIP제어번호: CIP2019038950)
- 잘못된 책은 구입하신 서점에서 바꿔드립니다. • 책값은 뒤표지에 있습니다.

쌤앤파커스(Sam&Parkers)는 독자 여러분의 책에 관한 아이디어와 원고 투고를 설레는 마음으로 기다리고 있습니다. 책으로 엮기를 원하는 아이디어가 있으신 분은 이메일 book@smpk.kr로 간단한 개요와 취지, 연락처 등을 보내주세요. 머뭇거리지 말고 문을 두드리세요. 길이 열립니다.